COCHES EXCLUSIVOS

COCHES EXCLUSIVOS

LOS MEJORES COCHES MODERNOS DEL SIGLO XX

DIRECTOR DE EDICIÓN
CRAIG CHEETHAM

LIBSA

© 2010, Editorial LIBSA
San Rafael, 4
28108 Alcobendas. Madrid
Tel. (34) 91 657 25 80
Fax (34) 91 657 25 83
e-mail: libsa@libsa.es
www.libsa.es

Traducción:
Macarena Rojo

© MMIII, Amber Books Ltd.

Título original: *Supercars*

ISBN: 978-84-662-2099-6

Contenido

Introducción

¿Qué es exactamente un supercoche? No existe una definición objetiva, aunque el término suele ser el elegido por los amantes de los coches para describir a una máquina exótica, poderosa y cara, y que representa lo más novedoso en cuanto a prestaciones funcionales, estilo y emoción de conducir en estado puro.

Sin embargo, existen muchos tipos de supercoche, desde las máquinas de producción especial estrictamente limitada como el McLaren F1 –con un compartimento para el motor forrado de platino–, capaz de alcanzar los 230 km/h y que cuesta más de un millón de dólares, hasta un coche como el Lancia Thema 8.32, cuyo aspecto poco cambia al de un automóvil estándar, pero bajo el capó acecha el corazón de una fiera, un espléndido motor de Ferrari que desarrolla tanta potencia como los propios iconos italianos.

Un supercoche es una máquina muy personal, cuyo atractivo reside en el hecho de ser la mejor de su clase. Naturalmente, muchos supercoches proceden de la crema y nata de los mejores fabricantes del mundo. Nombres como Aston Martin, Ferrari, Lamborghini, Maserati y Porsche no necesitan ninguna introducción. Todas estas marcas son sinónimo de potencia y belleza,

y cada fabricante está representado aquí por sus mejores máquinas, algunos de los coches más maravillosos de toda la historia del automóvil.

Las marcas más corrientes también están representadas en esta obra. Los NSX de Honda, por ejemplo, están entre los mejores del planeta, aunque proceden del mismo fabricante que el compacto Civic o el familiar Accord. Con una velocidad máxima de 272 km/h en los NSX-R, nadie puede negar que se han ganado un puesto dentro de la elite. Y lo mismo puede decirse del Audi RS2. Este delicado y refinado station wagon alemán tiene tracción a las cuatro ruedas y un motor desarrollado por Porsche que lo convierte en una máquina sorprendentemente veloz y realmente deseable.

Y también están los fabricantes marginales, especializados en crear máquinas que apasionen no sólo a las masas, sino a los enamorados del hardcore. La británica TVR, la norteamericana Ultima y la francesa Venturi pertenecen a esta categoría, y todas tienen una

El Ferrari F40, construido para celebrar el 40.º aniversario de la compañía, era un indómito coche de carreras para conducir por carretera.

Cuando el creador del Ferrari 250 GTO se propuso crear un competidor, el resultado no pudo ser más espectacular: el Bizzarrini GT Strada es una incondicional y hermosa bestia.

cosa en común: construyen sus coches con una pasión y complejidad que ninguno de los grandes es capaz de igualar en sus modernas factorías.

En esta obra también incluimos coches especiales construidos expresamente para carreras o rallys. El Ford RS200 está basado en el humilde Sierra, pero es una máquina de prestaciones enloquecedoras que exige conducir con precisión: sólo apta para los más valientes. También está el Lancia 037 Rally: esta obra maestra, con motor central, fue uno de los mejores coches de rally del grupo B. Corría como un cohete, pero exigía una maestría total en el manejo del volante para no descontrolarse, y es un recuerdo de otros tiempos, de una era en la historia de la automoción que nunca volverá a repetirse a causa de las leyes que garantizan la seguridad.

Y, por último, incluimos también algunos de los más potentes iconos norteamericanos. El «destrozaneumáticos» V10 Dodge Viper, el legendario AC Superblower, el Callaway Corvette Speedster –sintonizado para carreras– y el asombroso Shelby CSX. Todos ellos han dejado la huella de sus neumáticos en estas páginas, y este libro te hará sentir tan cerca de la acción que casi sentirás el olor a goma quemada.

Sea cual sea tu propia definición de supercoche, seguro que estas páginas pondrán tu corazón a palpitar a toda válvula. Aquí hemos agrupado algunas de las máquinas más deseables de todos los tiempos. Te dejarán boquiabierto los millones de dólares, los miles de caballos de potencia y las velocidades máximas que hacen que las naves espaciales parezcan lentas. Conoce lo que se siente conduciendo estos coches fantásticos que encaprichan a los playboys supermillonarios, pero son simplemente prohibitivos para el común de los mortales. Nosotros no podemos ponerte al volante de todos estos monstruos, pero sí te brindamos la segunda cosa mejor, después de poseerlos o conducirlos: la opinión de los expertos, el testimonio directo de los afortunados que han tenido la suerte de conocerlos muy bien.

Conoce, pues, lo que sientes conduciendo estas máquinas, sorpréndete de las cifras, admira la sublime belleza de sus líneas y la brutalidad de sus motores… y, después, cierra los ojos e imagínate al volante. El viaje acaba de empezar.

AC COBRA

Cuando el piloto de carreras Carroll Shelby quiso un deportivo de rendimiento superior, colocó un motor Ford V8 en el chasis del Ace de AC y creó una leyenda: el poderoso Cobra. Los motores crecieron, las potencias de salida se dispararon…, y el Cobra se convirtió en el supercoche.

Rezuma potencia bruta

«Giro la llave y el enorme V8 se despierta rugiendo, dando sacudidas y rezumando potencia bruta. Tanto la posición del conductor como los asientos son cómodos, lo que no está de más, porque voy a tener que trabajar duro. El Cobra es prácticamente todo motor y su chasis tuvo que ser reforzado para poder soportar el V8 de 7 litros. A pesar de los neumáticos más anchos del 427, la potencia brutal sigue superando al agarre. Se puede conseguir un gran sobreviraje siempre que se desee. Cuando se pueden alcanzar 170 km/h en 10 segundos, se corta la respiración.»

¡Agárrate fuerte! El Cobra es pura performance, le pone a uno los pelos de punta. Su habitáculo es confortable, pero se nota muchísimo el viento a 240 km/h.

Hitos

1962: Carroll Shelby

instala un motor Ford V8 de 260 pulgadas cúbicas (4.260,6 cc) en el chasis del AC Ace para crear el primer Cobra, que se exhibe en el Salón del Automóvil de Nueva York, iniciándose la producción.

El Cobra está basado en el Ac Ace.

1963: El V8 260 original

es sustituido por un V8 289 (4.735 cc), que alcanza los 271 cv.

1964: Shelby construye el

Daytona coupé y un prototipo del 427 Cobra (6.979 cc). Dejando atrás las instalaciones de Venice (California), donde había construido Cobras, Shelby Mustangs y Sunbeam Tigres, Shelby American se traslada al aeropuerto de Los Ángeles.

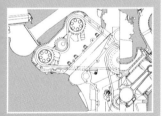

Sus tremendas prestaciones funcionales hacen del Cobra un coche de carreras nato.

1965: Los Cobras Daytona

ganan el campeonato mundial de deportivos, quedando por delante de los Ferrari. Es el primer campeonato de este tipo ganado por un coche norteamericano. El Cobra 427 entra en producción.

1966: Shelby American

liquida su inventario de Cobras en su famosa «Fire Sale» y cierra sus puertas en febrero.

BAJO LA PIEL

Reforzado

Para encajar el motor de mayor tamaño y su enorme potencia de salida, los dos tubos de los brazos longitudinales del chasis fueron sustituidos por tubos más gruesos y de mayor diámetro. La suspensión también se reforzó. Los Cobran 260 y 289 originales conservar las ballestas en hoja en la parte trasera, pero las versiones MkII adquirieron una suspensión más sofisticada, con resortes helicoidales, que mejoraban la maniobrabilidad.

Pesado V8 montado en la parte trasera

Los paneles de aleación de la carrocería están montados sobre una estructura de acero tubular

Resortes helicoidales en la parte trasera

Motor V8

EL EQUIPO MOTOR

Suspensión delantera independiente con wishbones

Carburador de cuatro cuerpos

Dos válvulas por cilindro

Válvulas accionadas por varillas empujadoras

Un solo árbol de levas

Bloque y culata de hierro fundido

Cárter de acero prensado

Todo un V8 norteamericano

Todos los Cobra llevaban motores Ford V8 norteamericanos, primero el de 260 pulgadas cúbicas, después el de 289 y el más grande de todos, el 427, que fue en su origen un motor de carreras NASCAR. Todos ellos son motores sencillos y tradicionales de ocho válvulas, con bloque y culata de hierro fundido y un único árbol de levas montado en el vee del motor, que acciona las válvulas mediante varillas empujadoras y balancines. El impresionante torque y la potencia de salida de estos motores se deben más a su enorme tamaño que a una sintonización especialmente inteligente.

El Baby cobra

No es tan potente como el 427 y utiliza un chasis con ballestas en hoja, pero el primer Cobra 289, fabricado desde el año 1963, puede alcanzar 222 km/h y pasa de 0 a 96,5 km/h en 5,7 segundos. Como su carrocería es tan ligera, este pequeño coche no tiene ningún problema para transferir su potencia hasta el firme.

No es tan potente como el 427 y utiliza el chasis con ballestas en hoja, pero el primer Cobra 289 tiene un rendimiento funcional escalofriante.

AC **COBRA**

El 427, sumamente exagerado, parece la caricatura de un deportivo. Gracias a Shelby American y a los enormes motores V8 norteamericanos de Ford, el Ace tuvo al fin la oportunidad de ser competitivo en las carreras.

Arcos abultados

Para cubrir las ruedas y neumáticos del modelo 427, mucho más grandes, los arcos de las ruedas han sido drásticamente abultados para evitar tener que rediseñar toda la carrocería.

V8 de bloque grande y 427 pulgadas cúbicas (6.997 cc)

El motor del 427 pesa 48 kg más que el 289, pero es mucho más potente. Es este motor el que convirtió al Cobra en leyenda.

Tubos de escape laterales

Los tubos de escape laterales dan al 427 un aspecto «musculoso». Es un rasgo característico de los modelos 427 S/C (Street/Competition), que son básicamente modelos de carreras.

Ruedas de aleación Halibrand

Estas ruedas eran muy populares en EE.UU. en la época en que el Ace se transformó en el Cobra. Aunque los Cobra originales estaban calzados con ruedas de llantas de alambre, no eran capaces de controlar la potencia del poderoso motor Ford 427.

Chasis de acero tubular

El chasis del Cobra tiene dos grandes brazos principales de acero tubular conectados por cross braces.

La tapa quick release

La gran tapa de aleación del depósito de combustible no sólo tiene estilo, sino que también resulta práctica, ya que se puede abrir en una fracción de segundo para repostar combustible durante las carreras.

Capó roll-over

Este 427 tiene un capó roll-over para proteger al conductor en el caso de que se produjese un accidente. Los Cobras estándar pueden prescindir de él.

Gran vía

Cuando apareció, el Ace era un coche pequeño y estrecho, pero su vía fue ensanchado cuando se transformó en el Cobra para dar cabida a sus enormes ruedas y neumáticos.

Carrocería de aleación

Para ser tan ligeros como fuese posible, todas las carrocerías de los Cobra estaban hechas de aleación y realizadas a mano en la fábrica de Thames Ditton de AC.

Suspensión con resortes helicoidales

El chasis con ballestas en hoja del Cobra original fue modernizado en el modelo 427 y se le instaló una suspensión más moderna provista de resortes helicoidales delanteros y traseros.

Características

1965: AC Cobra 427

MOTOR
Tipo: V8.
Construcción: Bloque y culata de hierro fundido.
Distribución: Dos válvulas por cilindro accionadas por un único árbol de levas montado en el bloque mediante balancines y empujadores.
Diámetro y recorrido: 10,77 x 9,6 cm.
Cilindrada: 6.997 cc.
Índice de compresión: 10,5/1.
Sistema de inducción: Un único carburador de cuatro cuerpos Holley 750 CFM.
Potencia máxima: 425 CV a 6.000 rpm.
Par máximo: 82,2 kilográmetros a 3.700 rpm.

TRANSMISIÓN
Manual, de cuatro velocidades Borg-Warner.

CARROCERÍA/TIPO DE CHASIS
Chasis en escalera de acero tubular, con cross braces y carrocería de convertible biplaza de dos puertas de aleación.

CARACTERÍSTICAS ESPECIALES

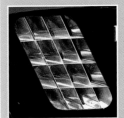

Las grandes parrillas laterales cromadas dejan salir el aire caliente del compartimento del motor.

La tapa de rápida apertura del depósito de combustible resultaba tan atractiva como práctica.

BASTIDOR
Dirección: De piñón y cremallera.
Suspensión delantera: Wishbones dobles, con resortes helicoidales y amortiguadores telescópicos.
Suspensión trasera: Wishbones dobles con resortes helicoidales y amortiguadores telescópicos.
Frenos: De disco de 29,46 cm (delanteros) y 27,43 cm de diámetro (traseros).
Ruedas: De aleación de 38 x 19 cm.
Neumáticos: De 18,5 x 38 cm(delanteros) y 19.5 x 38 cm (traseros).

DIMENSIONES
Longitud: 3,96 m.
Anchura: 1,72 m.
Altura: 1,24 m.
Batalla: 2,28 m.
Vía: 3.96 m (delantero); 1,42 m (trasero).
Peso: 1.150 kg.

AC **SUPERBLOWER**

Con la compañía en otras manos, AC sustituyó el Cobra Mk IV de 225 CV por un nuevo modelo. Este trepidante Superblower utiliza un supercharger para corregir la pérdida de energía a través del equipo de emisión.

Un auténtico Retro Racer

«Si no fuera por el estiloso salpicadero y los nuevos dispositivos de medición, uno creería que está sentado en un Cobra de 1965, pero, cuando arrancamos el motor, aparece una nueva pista sobre la verdadera edad de la máquina: el inconfundible chirrido de un supercharger bajo el capó. Pisa a fondo el acelerador y despega. Este Retro Racer ofrece una experiencia que no se puede comparar con ninguna otra. En una carretera con muchas curvas, probablemente se podría ir más deprisa con un moderno sedán, pero no hay nada que pueda igualar a un AC en línea recta.»

El salpicadero del Superblower es mucho más elegante y práctico que el de su predecesor, el Cobra Mk IV.

itos

1962, el tejano Carroll

lby crea el AC Cobra: un AC Ace
 un motor Ford V8 apretadamente
ajado bajo el capó.

1985, el Cobra renace

no Cobra Mk IV, tras diecisiete
s fuera de producción.

*Cobra original circuló por las
les ya en 1962.*

1996, Pride Automotive

ace cargo de AC Cars y adquiere
 derechos para fabricar el Cobra.

*Superblower utiliza la carrocería
eramente arqueada del Mk III
bra.*

1997, el recién bautizado

Car Group exhibe el AC
erblower, una nueva variante del
bra, con un motor Ford V8 de
tros sobrealimentado que alcanza
 355 CV corrigiendo la pérdida de
dimiento funcional del Cobra
IV, que dejó de fabricarse sin
er superado los 225 CV.

Carrocería de aleación

Chasis en escalera

Suspensión wishbone (de brazo oscilante) en todo el vehículo

V8 sobrealimentado

Hecho a mano

Al igual que sus predecesores, el Superblower está hecho a mano. Cada coche individual es un tributo a la pericia de los artesanos de la fábrica AC. Los coches se montan sobre un fornido chasis, en escalera de tubo de acero, con suspensión de brazos oscilantes de desigual longitud en cada esquina, con resortes helicoidales y amortiguadores telescópicos. Del frenado se encargan cuatro frenos de disco. Transmisión manual de cinco velocidades Borg-Warner.

EL EQUIPO MOTOR

Malo y oxigenado

El Superblower utiliza el mismo V8 de 5 litros del Mustang GT. Este motor, de Estados Unidos, ha sido modificado por Ford Special Vehicle Team para acomodar mejor el supercharger añadido de fábrica por AC. Mientras que en el Cobra Mk IV, con un sistema de aspiración natural, producía sólo 225 CV y 43 kilográmetros, este motor alcanza nada menos que 355 CV a 5.700 rpm en el Superblower, y unos aún más impactantes 68 kilográmetros a 3.750 rpm.

Inyección electrónica de combustible

Dos válvulas por cilindro

Bloque y culata de hierro fundido

Cilindros oversquare

Superserpiente

El Superblower es una versión mejorada del Cobra original y del Mk IV. Su motor sobrealimentado le proporciona esa tremenda aceleración «frieneumáticos» que hizo tan famoso al original en los sesenta. Y el aspecto de esta «superserpiente» no resulta menos brutal que su mordida.

Con sus 355 CV, el Superblower es un derivado del Cobra que «muerde» de verdad.

AC SUPERBLOWER

Puede que por su aspecto recuerde al Cobra de los sesenta, pero el nuevo AC Superblower incorpora un supercharger (compresor de sobrealimentación) para ofrecer prestaciones aún más sobrecogedoras. Fuera de línea, aún es realmente difícil superar a este musculoso deportivo AC con motor V8.

V8 sobrealimentado

El Superblower utiliza el Ford V8 de 5 litros habitual en los Mustang GT de antes de 1996. En este caso, el motor ha sido perfeccionado por Ford Special Vehicle Operations e implementado con un supercharger para alcanzar una potencia máxima de hasta 355 CV, suficiente para llevar el AC a su limitada velocidad máxima de 249 km/h.

Chasis en escalera

Como sus antecesores, el Superblower cuenta con un chasis independiente en escalera con los dos principales ejes longitudinales en tubo de aluminio de gran diámetro, y tubos de menor diámetro en los ejes transversales.

Barra antivuelco cromada

Las barras antivuelco son estándar en el Superblower. Recuerdan a las utilizadas por los Cobras de competición en los años sesenta, dan estabilidad al vehículo si éste se balancea.

Suspensión wishbone

Suspensión de brazos oscilantes de desigual longitud tanto en la parte delantera como en la trasera. Resortes helicoidales y amortiguadores telescópicos por todo el vehículo.

Interior de lujo

El interior es artesanal, como manda la tradición, con acabados en piel y alfombrillas de lana de gran espesor. El antiguo salpicadero del Cobra Mk IV fue rediseñado para el Superblower.

Ruedas de estilo años sesenta

Las ruedas, de aleación, evocan las de los coches de carreras Halibrand, que solían verse en los Cobra Mk III de 1965.

Carrocería artesanal

La carrocería del Superblower, de aleación de aluminio de 16, está ensamblada manualmente por los artesanos de AC, y las juntas están soldadas para lograr un acabado perfecto.

Características
1988: AC Superblower

MOTOR
Tipo: V8
Construcción: Bloque y culata de hierro fundido.
Distribución: Dos válvulas por cilindro, operadas por un único árbol de levas a través de balancines y empujadores.
Diámetro y recorrido: 10,16 x 7,62 cm.
Cilindrada: 5.000 cc.
Relación de compresión: 9,0/1.
Sistema de inducción: Inyección de combustible secuencial electrónica, con supercharger centrífugo.
Potencia máxima: 355 CV a 5.700 rpm.
Par máximo: 67,8 kilográmetros a 3.750 rpm.

TRANSMISIÓN
Manual, con cinco velocidades.

CARROCERÍA/TIPO DE CHASIS
Chasis en escalera, con carrocería de aluminio de deportivo de dos puertas.

CARACTERÍSTICAS ESPECIALES

La tapa del depósito de combustible, propia de un coche de carreras, subraya el estilo del Superblower.

Un supercharger proporciona la potencia del Ford V8 de 5 litros hasta 355 CV.

BASTIDOR
Dirección: De piñón y cremallera.
Suspensión delantera: Doble wishbone (brazo oscilante), con resortes helicoidales y amortiguadores telescópicos.
Suspensión trasera: Doble wishbone, con resortes helicoidales y amortiguadores telescópicos.
Frenos: De disco (delanteros y traseros).
Ruedas: De aleación de 40 cm de diámetro.
Neumáticos: 225/50 VR16 (delanteros), 255/VR16 (traseros).

DIMENSIONES
Longitud: 4,20 m.
Anchura: 1,74 m.
Altura: 1,19 m.
Batalla: 2,28 m.
Vía: 1,40 m (delantero); 1,48 m (trasero).
Peso: 1.160 kg.

Alpine A610

Con unas prestaciones y conducción que nada tienen que envidiar a los del Porsche 911, el Alpine A610, de motor trasero, debería haber sido todo un éxito. Pero Alpine aprendió que la gente no paga por una supermáquina si ésta no lleva el nombre y el logotipo adecuado.

No se queda corto de potencia

«A pesar de tener el motor alojado en la parte de atrás, más allá de la línea de la transmisión y del eje trasero, el Alpine no "muerde", si se levanta el pie del acelerador durante un giro, la parte trasera gira. El A610 tiene un agarre perfecto, toma las curvas de forma inmediata y responde muy bien a la dirección. No se queda corto de potencia y el turbo está dispuesto para un fuerte par de rango medio, de forma que virtualmente no existe retardo de respuesta. El único punto débil de este coche es su ligero aspecto de kit-car.»

Interior del lujo con tapicería de piel del A610. El conductor se siente siempre cómodo en su asiento, salvo si se trata de alguien de estatura excepcionalmente elevada.

Hitos

1955: Jean Redéle crea
Société Automóbiles Alpine para construir coches deportivos con motor Renault, el primero fue el A106.

El A110 de cuatro cilindros fue un exitoso coche de rally.

1963: Se fabrican los A110
con distintos motores y potencias de salida. Renault se hace cargo de Alpine al año siguiente.

El A310 fue el primero en recibir un motor V6 de Renault.

1971: Aparece el A310
con un motor Renault 16TX, antes de empezar a ser equipado con los V6.

1984: Se lanza el V6GT,
antepasado directo del A610, en versión turbo y de aspiración natural.

1990: Se lanza la edición
limitada Le Mans del V6GT, mucho más potente y veloz.

1991: Los asistentes al
Salón del Automóvil de Ginebra ven por primera vez el nuevo A610, con sus faros pop-up y su chasis de estructura y componentes revisados.

Espina dorsal de aluminio

Carrocería de paneles de fibra de vidrio

Chasis backbone con vigas estabilizadoras de acero embutido

Todos los Alpine tienen la carrocería de fibra de vidrio y el motor en la parte de atrás.
Los A610 cuentan con una armazón central de acero, con secciones de acero embutido, que sostiene la suspensión de doble wishbone (brazo oscilante) y resortes helicoidales. La suspensión trasera también cuenta con un doble brazo oscilante, que se aloja junto con el motor en una subestructura extraíble, con el fin de que todo el extremo trasero del vehículo pueda extraerse para su revisión y puesta a punto. La carrocería de fibra de vidrio está unida al chasis para incrementar la fuerza.

Renault V6

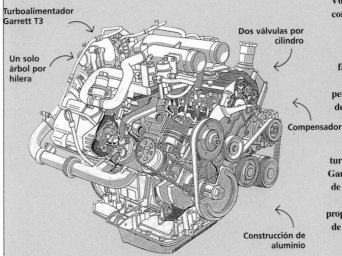

EL EQUIPO MOTOR

Turboalimentador Garrett T3

Un solo árbol por hilera

Dos válvulas por cilindro

Compensador

Construcción de aluminio

Potencia turbo

Las características técnicas de los V6 de aleación son muy sencillas, con un solo árbol por cada hilera de cilindros y dos válvulas por cilindro, aunque en una hilera haya un compensador para facilitar una marcha suave. Las camisas de los cilindros fueron perfeccionadas con respecto a las del anterior Alpine, y la relación de compresión era bajo, de 7,6/1, con el fin de acomodar el único turboalimentador interrefrigerado Garrett T3. La potencia máxima es de unos saludables 250 CV, pero el motor está ajustado para proporcionar una enorme amplitud de par, el 95% del máximo de 34,4 kilográmetros se produce entre 2.000 y 5.200 rpm.

Imperfecto pero divertido

El V6GT, predecesor del A610, no alcanza su rendimiento funcional y es más difícil de manejar, pero su estilo es más depurado y exige más del conductor si desea sacarle el máximo rendimiento. El A610 casi resulta demasiado fácil de conducir.

El GTA era menos refinado, pero más gratificante para aquellos a los que realmente les gustaba conducir.

Alpine **A610**

El primero de la larga línea Alpine que podría realmente considerarse un supercoche fue el estiloso A610, que utiliza un turboalimentador Garret para extraer 250 CV de su motor trasero V6.

Bajo coeficiente de retardo

El A610 es tan «listo» como parece, con un coeficiente de retardo de tan sólo 0,30. Esto no sólo incrementa la velocidad, sino que también ayuda a economizar combustible, algo estupendo en un coche que alcanza 240 km/h.

Turboalimentador interrefrigerado

Aunque el V6 utiliza un único turboalimentador en vez de uno por cada hilera de cilindros, éste cuenta con un intercooler (interrefrigerador) aire-aire que incrementa la potencia de salida.

Tanque de combustible en la parte delantera

En los coches de motor trasero, los diseñadores colocan todo lo que pueden delante para tratar de distribuir de la forma más equilibrada posible el peso total del vehículo. En este caso, lo que encontramos en la parte delantera es el tanque de combustible y el neumático de repuesto, dentro de su compartimento space-saver. Por desgracia, no queda sitio para el equipaje.

Chasis backbone de acero embutido

Todos los Alpine cuentan con un chasis independiente de acero: el del A610 es un diseño de acero embutido con un floorpan de acero soldado y unido a la carrocería de fibra de vidrio.

Distribución del peso en la parte de atrás

La distribución del peso se mejoró en el A610, en cuya parte de atrás se concentra un 57% del mismo, lo cual lo convierte en una máquina muchísimo más fácil de controlar.

umáticos traseros más grandes

n el motor detrás, la mayor parte del peso
vehículo descansa sobre las ruedas
eras. Estos neumáticos, Michelín 245/45
16, son bastante más grandes que los
ocados delante.

Faros pop-up

Un elemento controvertido de los cambios
estéticos introducidos en el A610 fue el
abandono de los grandes protectores de
cristal de los faros y la introducción de los
nuevos faros pop-up.

Motor V6

El motor de 3 litros del A610 es una versión
modificada del V6 de aleación de Renault,
con inyección de combustible y una sola
excéntrica, accionado por una cadena
superior por cada hilera de cilindros.

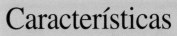

Características
1992: Alpine A610

MOTOR
Tipo: V6.
Construcción: Bloque y culata de
aleación.
Distribución: Dos válvulas inclinadas por
cilindro operadas por una sola excéntrica
accionado por cadena superior por cada
hilera de cilindros a través de balancines.
Diámetro y recorrido: 9,29 x 7,28 cm.
Cilindrada: 2.975 cc.
Relación de compresión: 7,6/1.
Sistema de inducción: Inyección
electrónica de combustible
turboalimentador Garrett T3 e intercooler.
Potencia máxima: 250 CV a 5.750 rpm.
Par máximo: 61,7 kilográmetros a
2.900 rpm.

TRANSMISIÓN
Manual, con cinco velocidades.

CARROCERÍA/TIPO DE CHASIS
Chasis backbone de acero, con subestructura
trasera y unido a la carrocería de coupé con
puerta trasera, de fibra de vidrio.

CARACTERÍSTICAS ESPECIALES

**Se incorporan orificios de ventilación para
canalizar el aire hacia los frenos traseros y el
compartimento del motor.**

**Los grandes limpiaparabrisas no se
mueven de la manera habitual, sino que
siguen un patrón más sofisticado que les
permite limpiar un área de cristal mayor.**

BASTIDOR
Dirección: De piñón y cremallera.
Suspensión delantera: Doble wishbone
(brazo oscilante), con resortes
helicoidales, amortiguadores telescópicos
y barra estabilizadora.
Suspensión trasera: Doble wishbone, con
resortes helicoidales, amortiguadores
telescópicos y barra estabilizadora.
Frenos: De disco ventilados de
29,97 cm de diámetro.
Ruedas: De aleación de 17,78 x
40,64 cm de diámetro (delante) y
22,86 x 40,64 cm (detrás).
Neumáticos: Michelín MXX
205/45 ZR 16 (delanteros), 245/45
ZR16 (traseros).

DIMENSIONES
Longitud: 4,41 m.
Anchura: 1,76 m.
Batalla: 2,34 m.
Altura: 1,19 m.
Vía: 1,50 m (delantero); 1,47 m (trasero).
Peso: 1.380 kg.

Aston Martin **VIRAGE**

Cuando se introdujo el Virage, en 1988, era el primer modelo nuevo de Aston Martin en veinte años. El resultado fue un peso pesado de lujo de 330 CV rebosante de estilo.

Un gran cruiser de peso pesado

«Si quieres prestaciones realmente fuera de lo normal, compra la versión Vantage de 550 CV. El Virage es un coche para aquellos que buscan estilo, exclusividad y lujo con mayor calidad funcional que la mayoría de los coches de su clase. No se trata de un deportivo pequeño y manejable, y por eso se balancea notablemente en las curvas cerradas y requiere rápidamente la pesada transmisión ZF. El Virage soporta bien el uso y el abuso, pero es más bien un cruiser grandote y pesado que está en su salsa en las autopistas y carreteras rectas.»

Aunque no participe en la liga Lamborghini Diablo, las prestaciones funcionales del Virage no dejan de ser magníficas.

Hitos

1986: El nuevo Aston

Inicia su vida como proyecto DP2034, un proyecto cuyo objetivo era crear un coche adecuado para todos los mercados del mundo y que fuese capaz de seguir en producción durante muchos años.

El viejo Aston Martin V8 tardó mucho en ser reemplazado.

1988: El Virage,

embellecido por John Heffernan y Ken Greenley, debuta en el Salón del Automóvil de Birmingham y salió a la venta al año siguiente.

1990: Se introduce el

modelo Convertible Volante.

El Volante combinaba las altas prestaciones funcionales con una irresistible vistosidad.

1992: Se lanza la versión

Sporty Estate, la Shooting Brake, seguida de una versión reajustada del Virage con un extra de 135 CV.

1993: Aston incorpora

un supercharger al motor de 5,3 litros para crear el Vantage de 299 km/h.

1996: El Virage se

actualiza y mejora adquiriendo una línea estética más suave y 350 CV.

BAJO LA PIEL

Suspensión trasera de fundición-aleación

Paneles de aleación en la carrocería

Monocasco de acero

Configuración V8

Chasis más rígido

El Virage tiene la misma batalla (3,61 m) que los anteriores V8 de Aston. Se realizaron muchos esfuerzos para modernizar el chasis, haciéndolo más rígido y ligero, y bajo la carrocería de aleación, el coche es básicamente un monocasco de acero. La principal novedad es el uso de grandes barras de aleación-fundición que actúan como el tubo De Dion y los brazos de arrastre de la suspensión trasera.

EL EQUIPO MOTOR

Respirar mejor

Reeves Calaway, que puso a punto el Corvette, ayudó a revisar las culatas de los cilindros del V8 de aleación con un ángulo más cerrado en las válvulas que mejoraba el flujo de aire, y también recolocó los árboles de levas de forma que quedasen más próximos entre sí. Estas grandes modificaciones contribuyeron a crear un motor más flexible con mejor respuesta a la aceleración, y también a incrementar la potencia del motor. La potencia de salida sólo aumentó en 21 CV, en comparación con la de la versión anterior de 32 válvulas. El motor se fabrica a mano por los artesanos de Aston.

Cuatro árboles de levas en culata

Cuatro válvulas por cilindro

Todo de aleación

Ensamblado a mano

Doble alimentador

Si tienes hambre de potencia y no te importa gastarte un poco más, solicita la versión Vantage, asombrosamente potente. El motor V8 de 5,3 litros cuenta con dos superchargers para incrementar la potencia hasta 550 CV, y la velocidad máxima hasta 300 km/h.

Los arcos más rebajados, los spoilers bajos y la inclinación del guardabarros frontal dicen a gritos: «Vantage».

Aston Martin VIRAGE

La suavidad de sus líneas no es capaz de ocultar el tamaño ni el aspecto brutal del Virage. Irradia poder y calidad funcional y no solo por su exclusiva tapicería de cuero.

Motor hecho a mano

Cada Aston Martin V8 está ensamblado a mano por una sola persona. En cada motor puede verse una placa que indica quién se encargó de este trabajo.

Doble entrada al tanque de combustible

Para llenar el gran tanque de combustible del «sediento» Virage hacen falta dos tubos de entrada, colocados en la parte más alta de los paneles traseros, cerca de la luna trasera.

Neumáticos de perfil alto

Los primeros Virage llevaban neumáticos de 60, mientras que otros supercoches los llevan de perfil más bajo. La versión Vantage, más nueva y potente, usa neumáticos de perfil todavía más bajo.

Esqueleto de acer

El Virage no e realmente u monocasco, ya que, si fuera, toda la carrocer sería parte de estructura. Sin embarg ninguno de los panele exteriores soporta pes

Paneles de aleación en la carrocería

Fieles a la tradición Aston, todos los paneles de la carrocería son de aleación de aluminio y están acabados a mano. El motor y los componentes de la suspensión son también de aleación. El Aston sigue siendo un peso pesado de 1.787 kg.

Frenos traseros externos

A menudo, con el sistema De Dion, los frenos traseros pueden montarse por dentro. Aston los mantuvo en el lugar convencional, junto a la rueda, para facilitar la refrigeración.

ansmisión de cinco velocidades ZF

a aguantar el enorme par producido, Aston Martin
ió una fuerte unidad ZF alemana. La versión
dificada Vantage incorpora seis velocidades.

Faros Audi y VW

Aunque Aston Martin fabrica sus propios motores,
chasis y carrocerías, sigue comprando algunas piezas
para sus coches. Los faros delanteros son los del
Audi 100 y las luces traseras proceden del VW.

Distribución del peso centrada en la parte delantera

Aunque el fiero V8 es de aleación y está
montado muy atrás, en el compartimento
del motor, el Virage sigue siendo más
pesado por el morro, con una
distribución del peso de 24,45/20,85
morro/trasera.

1991: Aston Martin Virage

MOTOR
Tipo: V8.
Construcción: Bloque y culata de
aleación, con camisa interior «húmeda»
en los cilindros.
Distribución: Cuatro válvulas por
cilindro, operadas por cuatro excéntricas
superiores accionadas por cadena.
Diámetro y recorrido: 9,98 x 8,48 cm.
Cilindrada: 5.340 cc.
Relación de compresión: 9,5/1.
Sistema de inducción: Inyección
electrónica de combustible Weber-Marelli.
Potencia máxima: 330 CV a 6.000 rpm.
Par máximo: 63,8 kilográmetros
a 3.700 rpm.

TRANSMISIÓN
Manual, con cinco velocidades ZF.

CARROCERÍA/TIPO DE CHASIS
Semimonocasco de acero, con los paneles
de la carrocería de aleación y carrocería
de coupé 2+2 de dos puertas.

CARACTERÍSTICAS ESPECIALES

**Los Virage tienen dos asientos traseros
confortables, aunque no muy espaciosos.**

**Rueda de repuesto alojada en su
space-saver.**

BASTIDOR
Dirección: De piñón y cremallera.
Suspensión delantera: Doble wishbone
(brazo oscilante), con resortes helicoidales
y amortiguadores y barra estabilizadora.
Suspensión trasera: Eje De Dion con
brazos de arrastre, enlace Watt,
resortes helicoidales y
amortiguadores telescópicos.
Frenos: De disco ventilados, de
33 cm (delante) y macizos de
28,19 cm de diámetro (detrás).
Ruedas: De aleación de 20,32 x 40,64 cm
de diámetro.
Neumáticos: Avon Turbospeed 255/60
ZR16.

DIMENSIONES
Longitud: 4,77 m.
Anchura: 1,85 m.
Altura: 1,33 m.
Batalla: 2,61 m.
Vía: 1,40 m (delantero); 1,43 m (trasero).
Peso: 1.787 kg.

Aston Martin ZAGATO

Cuando Aston Martin quiso un coche capaz de causar impacto al instante y revitalizar sus modelos, que empezaban a quedarse viejos, volvió sus ojos hacia Zagato, gran maestro del estilo de Milán. El objetivo era crear un supercoche capaz de superar los 290 km/h, con una imagen espectacular y cuya manejabilidad no desmereciera las anteriores características.

Un auténtico 290 km/h

«Crucero a 160 km/h, pisa a fondo el acelerador y se destapa su enorme calidad funcional. Por encima de las 3.000 rpm, el Zagato se encuentra en su salsa, llevando el peso pesado a unos genuinos 290 km/h. El Zagato también alcanza 97 km/h en menos de cinco segundos. A pesar de todo ello, sin embargo, es un coche muy fácil de llevar, con gran visibilidad y magníficos asientos. El chasis está diseñado para viajar con suavidad, pero la suspensión independiente mantiene los neumáticos fuertemente agarrados al asfalto en todo momento.»

Incluso en los detalles interiores, el Zagato se distingue por su estilo sharp-edge.

Hitos

1984: El directivo de

Aston Martin, Victor Gauntlett, conoce en el Salón del Automóvil de Ginebra a Gianni Zagato y habla con él sobre la creación de un coche capaz de mejorar la imagen de los Aston a la vez que recuerda al mundo lo que es el diseño Zagato. Pronto se crean los primeros bocetos y se efectúan encargos por valor de siete millones de dólares, teniendo en cuenta únicamente la apariencia del Aston Martin.

Zagato produjo la carrocería de un pequeño número de Aston Martin GT.

1986: Se inicia una

producción limitada de Zagatos, con la idea inicial de no fabricar más de 50 coupés. Los chasis rodantes son enviados a la fábrica de Zagato, en Milán, para que les sean incorporadas las carrocerías, los asientos y todos los detalles del interior.

Los bellos Virage reemplazaron al Zagato en 1989.

1987: Aston Martin

presenta su Zagato Volante convertible en el Salón del Automóvil de Ginebra.

1989: Se detiene la

producción, después de haber construido 50 coupés y 25 convertibles.

BAJO LA PIEL

Nada nuevo

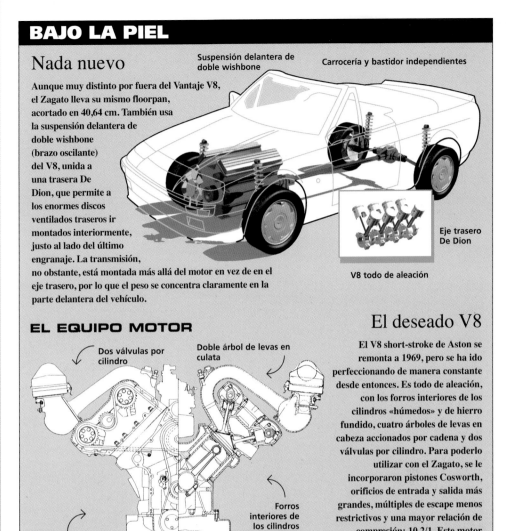

Suspensión delantera de doble wishbone

Carrocería y bastidor independientes

Eje trasero De Dion

V8 todo de aleación

Aunque muy distinto por fuera del Vantaje V8, el Zagato lleva su mismo floorpan, acortado en 40,64 cm. También usa la suspensión delantera de doble wishbone (brazo oscilante) del V8, unida a una trasera De Dion, que permite a los enormes discos ventilados traseros ir montados interiormente, justo al lado del último engranaje. La transmisión, no obstante, está montada más allá del motor en vez de en el eje trasero, por lo que el peso se concentra claramente en la parte delantera del vehículo.

EL EQUIPO MOTOR

Dos válvulas por cilindro

Doble árbol de levas en culata

Forros interiores de los cilindros «húmedos», de hierro fundido

Bloque y culata de los cilindros de aleación

El deseado V8

El V8 short-stroke de Aston se remonta a 1969, pero se ha ido perfeccionando de manera constante desde entonces. Es todo de aleación, con los forros interiores de los cilindros «húmedos» y de hierro fundido, cuatro árboles de levas en cabeza accionados por cadena y dos válvulas por cilindro. Para poderlo utilizar con el Zagato, se le incorporaron pistones Cosworth, orificios de entrada y salida más grandes, múltiples de escape menos restrictivos y una mayor relación de compresión: 10,2/1. Este motor produce 432 CV, y depende de cuatro carburadores Weber para alimentarse de combustible.

Sin fronteras

El Zagato Volante es todavía más raro que el coupé, y en el momento de su introducción fue el convertible más veloz en carretera. Lanzado en 1987, sólo se habían fabricado 25 ejemplares cuando cesó la producción, en 1989. No debe sorprendernos que estos ejemplares hayan llegado a estar tan cotizados.

Aston Martin produjo justo el doble de coupés Zagato que de descapotables Volante.

Aston Martin ZAGATO

Zagato tenía fama de diseñar los coches con más estilo del mundo. En este caso, se trataba de un vehículo corto con altas ruedas y un aspecto claramente agresivo que irradiaba poder, prestaciones funcionales y exclusividad.

Motor V8

El Zagato poseía la versión más potente del motor V8 quad-cam de aluminio de Aston Martin. Las revisiones efectuadas en el árbol de levas de distribución, los orificios de las culatas de los cilindros y los carburadores ayudaron a incrementar hasta 432 CV la potencia de su 5,3 litros. Esta potencia de salida resultaba más impresionante que el par máximo cuando el motor se sintonizó para maximizar la potencia.

Transmisión ZF

Aston utilizaba la dura transmisión manual de cinco velocidades ZF, con una primera marcha en recodo y el resto en la disposición en H habitual.

Eje De Dion

En los Aston Martin eran habituales los ejes De Dion. Servían para mantener las ruedas traseras rectas y verticales en todo momento, sin que acusasen cambios de curvatura.

Alerón recortado

Zagato logró un diseño de aspecto más compacto que el del Vantage recortando 30,48 cm de la parte de atrás, con lo que se reducía la capacidad del maletero. El equipaje adicional podía colocarse tras los asientos delanteros.

Asientos Lancia

Zagato, responsable de todos los complementos y acabados del interior del vehículo, eligió los asientos delanteros del Lancia Delta S4. Éstos estaban tapizados en piel de la máxima calidad, como todos los asientos de los Aston Martin.

Parachoques de espuma

Una de las medidas que tomó Zagato para aligerar los Aston fue desechar los parachoques de acero y diseñar unos nuevos, deformables y rellenos de espuma, montados sobre arietes hidráulicos.

Discos interiores

En teoría, con el eje De Dion, lo lógico era montar los frenos en el interior, junto al último engranaje, y fue ahí exactamente donde los colocó Aston.

Carrocería de aleación

Zagato era el gran maestro de las carrocerías artesanales de aluminio y realizó todos los paneles del coche, montados sobre una forma modificada de la subestructura de chapa plegada y soldada preexistente. Todos los paneles se formaron a partir de una matriz de madera de tamaño natural.

Características

1987: Aston Martin Zagato

MOTOR
Tipo: V8.
Construcción: Bloque y culata de aleación.
Distribución: Dos válvulas por cilindro, operadas por cuatro árboles de levas en cabeza accionado por cadena.
Diámetro y recorrido: 25,34 x 21,59 cm.
Cilindrada: 5.340 cc.
Relación de compresión: 10,2/1.
Sistema de inducción: Cuatro carburadores de tiro hacia abajo Weber IDF.
Potencia máxima: 432 CV a 6.200 rpm.
Par máximo: 60,6 kilográmetros a 5.100 rpm.

TRANSMISIÓN
Automática, de cinco velocidades. TorqueFlite 727.

CARROCERÍA/TIPO DE CHASIS
Subestructura de acero, con carrocería de coupé de dos puertas de aleación.

CARACTERÍSTICAS ESPECIALES

Los Volante se diferencian de los coupé Zagato por las cubiertas de sus faros delanteros.

Con su trasera recortada y su techo convertible, la capacidad de los maleteros de los Volante es limitada.

BASTIDOR
Dirección: De piñón y cremallera.
Suspensión delantera: Doble wishbone (brazo oscilante), con resortes helicoidales, amortiguadores Koni y barra estabilizadora.
Suspensión trasera: Eje De Dion rígido, con brazos de arrastre, enlaces articulados Watt, resortes helicoidales y amortiguadores Koni.
Frenos: De disco ventilados de 88,44 cm de diámetro (delanteros) y 70,38 cm traseros.
Ruedas: De aleación de 20,32 x 40,64 cm.
Neumáticos: Goodyear Eagle, 225/50 VR16.

DIMENSIONES
Longitud: 4,41 m.
Anchura: 1,30 m.
Altura: 1,87 m.
Batalla: 1,30 m.
Vía: 2,62 m (delantero); 1,54 m (trasero).
Peso: 1.646 kg.

Audi **RS2**

BMW tiene su serie M, Mercedes su E500…, pero el número mágico de Audi es RS2. Este station wagon era un auténtico lobo bajo la piel de cordero: un coche de la máxima calidad funcional con turboalimentación y tracción a las cuatro ruedas.

Un asombroso station wagon

«El RS2 se construyó con dos objetivos principales: altas prestaciones funcionales y ser práctico. Con 315 CV, su motor de 2,2 litros turboalimentado puede humillar a un Ferrari Testarossa y dejar patidifuso a un Porsche 911. En cuanto a ser práctico, este asombroso station wagon también es capaz de trasladar a toda la familia en un largo viaje por carretera con el máximo confort… Su tracción a las cuatro ruedas asegura un agarre perfecto, y es totalmente neutral en la dirección. No está nada mal para un station wagon funcional al 100%»

Los asientos anatómicos y los blancos indicadores ya anuncian prestaciones propias de nave espacial.

BAJO LA PIEL

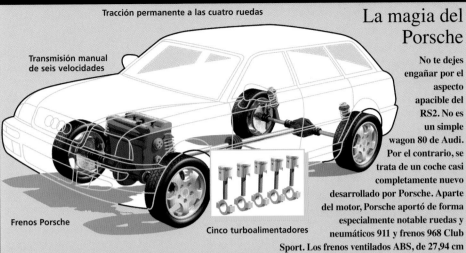

Tracción permanente a las cuatro ruedas

Transmisión manual de seis velocidades

Frenos Porsche

Cinco turboalimentadores

La magia del Porsche

No te dejes engañar por el aspecto apacible del RS2. No es un simple wagon 80 de Audi. Por el contrario, se trata de un coche casi completamente nuevo desarrollado por Porsche. Aparte del motor, Porsche aportó de forma especialmente notable ruedas y neumáticos 911 y frenos 968 Club Sport. Los frenos ventilados ABS, de 27,94 cm están asistidos por un servo hidráulico. Porsche también afinó la suspensión y añadió barras estabilizadoras diseñadas expresamente para coches de carrera, así como amortiguadores Bilstein.

EL EQUIPO MOTOR

Turbo total

Ya en 1978, Audi fue la pionera en el uso de motores en línea de cinco cilindros, un exitoso paso intermedio entre las unidades de cuatro y de seis cilindros. Este formato alcanzó su máxima expresión en el RS2. Audi ya había utilizado con anterioridad turboalimentadores, por supuesto, pero ninguno como el turbo de competición de KKK, capaz de un incremento de 16 psi. Las modificaciones incorporadas al motor S2 de 230 CV incluían un intercooler de mayores dimensiones, un filtro de aire de alto flujo, nuevos inyectores, una bomba de combustible Porsche 911 y árboles de levas high-lift. Si le añadimos a todo ello un múltiple de escape de baja presión, no es de extrañar que Audi quedase satisfecha con las cifras: 315 CV y 75,2 kilográmetros.

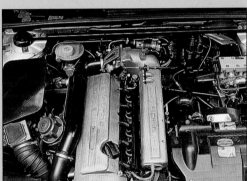

Más veloz que nunca

El RS2, como coche más veloz jamás construido por Audi, posee una reputación envidiable. A la larga, podría eclipsar al legendario Quattro. De hecho, los pocos ejemplares producidos son altamente cotizados por los entusiastas y rara vez se ponen a la venta; una buena señal, ya que significa que los coleccionistas los tienen en demasiada estima como para deshacerse de ellos.

La herencia Porsche y sus serias prestaciones son garantía de exclusividad.

Audi **RS2**

El RS2, más rápido y capaz que el legendario Quattro Sport de corta batalla, es el coche más veloz jamás creado por Audi. El efecto Porsche se evidencia en todo momento.

Interior deportivo

Audi no se olvidó de mejorar el habitáculo de su wagon. Al interior normal del Audi 80 se le añadieron indicadores en blanco y negro, asientos Recaro y detalles en Kevlar o madera. Entre el equipamiento estándar del RS2 se incluye un techo eléctrico, elevalunas eléctrico, un cambiador de CDs y aire acondicionado.

Transmisión de seis velocidades

Para sacarle el máximo partido a su increíble potencia, Audi especificó una transmisión manual de seis velocidades afinada por Porsche. Sus coeficientes se eligieron para mantener la banda de potencia alrededor de las 3.000 rpm.

Ruedas de Porsche

La elegancia de sus ruedas de aleación de cinco radios no debería sorprender, ya que fueron tomadas tal cual del Porsche 911. Están equipadas con neumáticos Dunlop de perfil ultrabajo.

Características

1994: Audi RS2

MOTOR

Tipo: De cinco cilindros en línea.
Construcción: Bloque de hierro fundido y culata de aluminio.
Distribución: Cuatro válvulas por cilindro, operadas por doble árbol de levas en cabeza.
Diámetro y recorrido: 8,10 x 8,63 cm.
Cilindrada: 2.226 cc.
Relación de compresión: 9,0/1.
Sistema de inducción: Inyección de combustible secuencial.
Potencia máxima: 315 CV a 6.500 rpm.
Par máximo: 75,2 kilográmetros a 3.000 rpm.

TRANSMISIÓN

Manual, de seis velocidades.

CARROCERÍA/TIPO DE CHASIS

Unitaria de monocasco, con carrocería de station wagon de acero de cinco puertas.

CARACTERÍSTICAS ESPECIALES

Las luces traseras se extienden a lo largo de toda la puerta trasera.

Los grandes calipers rojos de los frenos son de Porsche y proceden del modelo 968.

BASTIDOR

Dirección: De piñón y cremallera.
Suspensión delantera: Puntales, con resortes helicoidales, amortiguadores y barra estabilizadora.
Suspensión trasera: Puntales con barra de torsión, resortes helicoidales, amortiguadores y barra estabilizadora.
Frenos: De disco (delanteros y traseros).
Ruedas: De aleación de 43,18 cm de diámetro.
 Neumáticos: 245/40 ZR17.

DIMENSIONES

Longitud: 4,51 m.
Anchura: 1,69 m.
Altura: 1,39 m.
Batalla: 2,55 m.
Vía: 1,45 m (delantero); 1,47 m (trasero).
Peso: 1.592 kg.

Práctica carrocería de station wagon

El único formato posible era el de un station wagon Avant. Para un coche de prestaciones funcionales tan elevadas, esta carrocería era única.

Tracción a las cuatro ruedas

Tracción permanente a las cuatro ruedas, gestionada por un sistema largamente acreditado, que incorpora un diferencial central tipo Torsen.

Bizzarrini **GT STRADA**

Giotto Bizzarrini (el diseñador del Ferrari 250 GTO) abandonó Ferrari para seguir su propio camino. Su pasión eran los coches de carreras, pero también construyó algunos turismos, entre los que destaca el tremendo GT Strada 5300. Su motor Chevy V8, su espectacular carrocería y su austero habitáculo dan fe de su pasión.

Un potro salvaje

«Como no mide más que 109 cm desde el techo hasta el suelo, el primer problema es montarse en él. Una vez conseguido, ya se puede disfrutar del maravilloso rugido de su motor V8 (pocos Chevys rugen tan fuerte). El GT Strada se pone a máxima velocidad en un abrir y cerrar de ojos y es increíblemente ágil en los giros. Su equilibrado manejo es uno de los mejores de todos los coches de los sesenta. Es un verdadero potro salvaje, que lo único que quiere es que lo dejen correr a sus anchas en la pista.»

Su compacto habitáculo transmite la sensación de estar en un coche de carreras que, simplemente, se ha adaptado para el uso en carretera.

Hitos

1963: Bizzarrini presenta su coupé de competición Iso Grifo A3C en el Salón del Automóvil de Turín, como la versión de carreras del Iso Grifo. Es prácticamente idéntico, aunque más bajo y ligero.

Giotto Bizzarrini participó en el diseño del Ferrari 250 GTO.

1964: El A3C queda en 14.º lugar en las 24 horas de Le Mans y resulta ganador en su clase.

1965: Empieza a producirse la versión para la carretera, el GT Strada 5300.

El GT Strada 5300 estaba construido como un coche de carreras.

1967: Se lanza un modelo más pequeño, con motor Opel GT, llamado Europa. Sólo se venden unos pocos ejemplares.

1969: Bizzarrini acaba sus días como fabricante de coches.

BAJO LA PIEL

Eje trasero De Dion

Plataforma de acero embutido

Frenos de disco en las cuatro ruedas

Chevy V8

Pedigrí de corredor

Teniendo en cuenta la participación de Giotto Bizzarrini en los Ferraris de competición, no debe sorprendernos que bajo la carrocería del GT Strada se oculte un auténtico coche de carreras. Tiene una plataforma de acero embutido en la que se encaja la carrocería. La suspensión delantera, independiente, consta de muelles y wishbones, y tiene un eje trasero De Dion. Los frenos Campagnolo son de disco y el par trasero está montado interiormente.

EL EQUIPO MOTOR

La potencia de un Chevy

Bizzarrini hizo como su antiguo colaborador, Renzo Rivolta, de la fabricante de deportivos italiana Iso, y eligió la potencia del Chevrolet V8. El Corvette V8 de hierro fundido y 5.358,5 cc fue una elección perfecta: muy potente, totalmente disponible y no demasiado caro. Los primeros ejemplares estaban ajustados para 365 CV, pero la mayoría de los coches contaban con una unidad de 350 CV con levantaválvulas hidráulicos y una relación de compresión de 1,0/1. En EE.UU., el carburador estándar era un único Holley de cuatro cuerpos, pero los modelos de competición de 400 CV utilizaban cuatro carburadores.

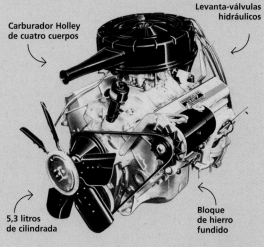

Levanta-válvulas hidráulicos

Carburador Holley de cuatro cuerpos

5,3 litros de cilindrada

Bloque de hierro fundido

Puro GT

Salvo en el caso de que puedas encontrar uno de los rarísimos coches de carreras de Bizzarrini, el GT Strada 5300 es el último y mejor coche de los que llevan el nombre de Giotto Bizzarrini. En muchos sentidos, es un GT más puro y centrado que la mayoría de los Ferraris de los sesenta, y resulta interesante como opción al tratarse de un clásico.

Bizzarrini presentó una interesante alternativa a los principales supercoches.

Bizzarrini GT STRADA

Surgido como la versión de carreras del Iso Grifo, el Strada era un explosivo cóctel de impactante carrocería, chasis de coche de carreras y poderoso motor. Durante un breve lapso, en los sesenta, los Bizzarrini fueron estrellas rutilantes en el firmamento de los supercoches.

Corvette V8

El motor Corvette V8 de 5.358,5 cc era la opción más lógica para Bizzarrini, que había trabajado con él en el Iso Grifo (como ingeniero).

Tres depósitos de combustible

El GT Strada es un coche «sediento». Con el fin de evitar la necesidad de parar constantemente a repostar, se instalaron nada menos que tres tanques de combustible. Hay dos tanques de 28,40 litros en los rocker panels y un tercero detrás de los asientos, es decir, 132,5 litros en total.

Carrocería de fibra de vidrio

Salvo los primeros ejemplares, que tenían carrocerías de aluminio construidas por artesanos italianos, los GT Strada tenían la carrocería de fibra de vidrio, lo cual aligeraba tanto el peso como el coste y facilitaba la producción. De hecho, incluso, para utilizarlo en competición, se podía encargar una carrocería de fibra de vidrio especialmente fina y con mayores huecos para las ruedas.

Diseño Giugiaro

Su alucinante perfil fue diseñado por un jovencísimo Giorgetto Giugiaro, cuando aún trabajaba con Bertone. Dejaba todavía más boquiabiertos que el de su pariente cercano, el Iso Grifo, diseñado por Giugiaro también. Con sus 111 cm justos de altura, cortaba la respiración nada más verlo.

ruedas de fundición-aleación

s sugestivas ruedas Campagnolo de
ación de magnesio con spinners
ntrales de paro automático resultan
tremadamente idóneas. Para uso en
mpetición, podían encargarse llantas
davía más anchas (de 17 cm las
lanteras y de 23 cm las traseras).

Habitáculo austero

Fiel a sus raíces de coche de carreras, renuncia al
lujo superfluo en el habitáculo. Dos estrechos
asientos anatómicos encajados entre las anchas
puertas y el túnel de la transmisión, y los acabados
decorativos reducidos a la mínima expresión.

Características

1966: Bizzarrini GT Strada 5300

MOTOR
Tipo: V8.
Construcción: Bloque y culata de hierro fundido.
Distribución: Dos válvulas por cilindro, operadas por un solo árbol de levas con balancines y empujadores.
Diámetro y recorrido: 10,16 x 8,25 cm.
Cilindrada: 5.358,5 cc.
Relación de compresión: 11,0/1.
Sistema de inducción: Un solo carburador Holley de cuatro cuerpos.
Potencia máxima: 365 CV a 6.200 rpm.
Par máximo: 65,3 kilográmetros a 4.000 rpm.

TRANSMISIÓN
Manual, de cuatro velocidades.

CARROCERÍA/TIPO DE CHASIS
Chasis independiente de acero embutido, con carrocería de coupé de dos puertas.

CARACTERÍSTICAS ESPECIALES

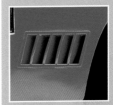

Los conductos de aire (ruedas delanteras) desvían el aire caliente del compartimento del motor.

Los faros están disimulados tras una cubierta de plástico.

BASTIDOR
Dirección: Recirculación a bolas.
Suspensión delantera: Wishbones (brazos oscilantes), con resortes helicoidales, amortiguadores y barra estabilizadora.
Suspensión trasera: Eje De Dion, con brazos de arrastre, enlace Watt, resortes helicoidales, amortiguadores y barra estabilizadora.
Frenos: De disco (delanteros y traseros).
Ruedas: De aleación de 38,10 cm de diámetro.
Neumáticos: Dunlop, de 15,24 x 38,10 cm (delanteros) y 17,78 x 38,10 cm (traseros).

DIMENSIONES
Longitud: 4,37 m.
Anchura: 1,73 m.
Altura: 1,13 m.
Batalla: 2,45 m.
Vía: 1,40 m (delantero); 1,43 m (trasero).
Peso: 1.148 kg.

Callaway **CORVETTE SPEEDSTER**

Cuando el especialista en turboalimentación Reeves Callaway construyó su potente versión Sledgehammer doble turbo del Corvette que superaba al ZR-1, era difícil imaginar qué podría igualarla. Y la respuesta fue el increíble y despampanante Corvette Speedster.

Una aceleración sobrecogedora

«El techo recortado resulta perturbador, y la envolvente luna trasera y los reposacabezas dificultan la visión, es decir, lo práctico no es su punto fuerte. Lo que quita el aliento es su aceleración (puede alcanzar 160 km/h en 12,1 segundos). Callaway ha perfeccionado la suspensión del Corvette para mejorar la maniobrabilidad. Y si tenemos en cuenta sus potentes frenos, el enorme agarre de sus neumáticos y su diseño escandalosamente provocador, entonces llegamos a comprender que su precio resulte prohibitivo.»

La decoración azul del interior resulta escandalosamente llamativa..., pero no lo son menos sus tremendas prestaciones.

Hitos

1985: Reeves Callaway

incorpora dos turbos a un Alfa Romeo GTV6, incrementando su potencia de salida hasta 230 CV y su velocidad máxima hasta 225 km/h. Chevrolet queda tan impresionado que decide pedir a Callaway que desarrolle una versión con doble turbo del Corvette.

Callaway utilizó el Corvette C4 estándar como base para crear sus modelos especiales turboalimentados.

1988: Callaway produce

la increíble versión Sledgehammer del Corvette, con 362 km/h y 880 CV. Se encarga al diseñador francocanadiense Paul Deutschman perfeccionar la aerodinámica de los Corvette clásicos.

Callaway también trabaja con coches de carreras y ha introducido Corvettes en Le Mans.

1991: Aparece el primer

Speedster en el Salón del Automóvil de Los Ángeles, y es el primer coche identificado puramente por el nombre de Callaway. El éxito es asombroso y Callaway se prepara para crear una edición especial de Speedsters, de los que sólo se fabricarán 50 ejemplares.

BAJO LA PIEL

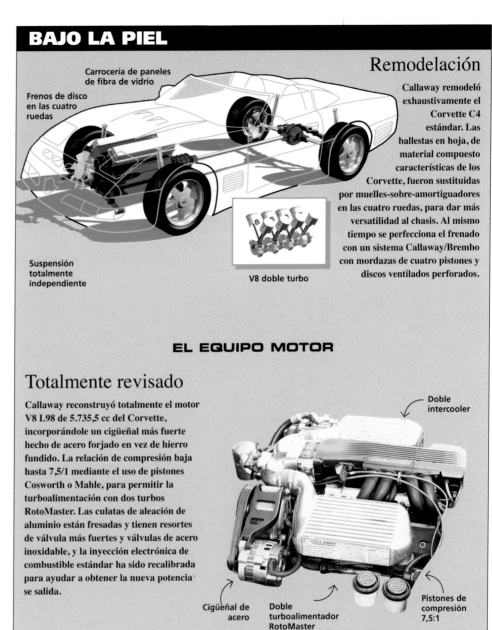

Carrocería de paneles de fibra de vidrio

Frenos de disco en las cuatro ruedas

Suspensión totalmente independiente

V8 doble turbo

Remodelación

Callaway remodeló exhaustivamente el Corvette C4 estándar. Las ballestas en hoja, de material compuesto características de los Corvette, fueron sustituidas por muelles-sobre-amortiguadores en las cuatro ruedas, para dar más versatilidad al chasis. Al mismo tiempo se perfecciona el frenado con un sistema Callaway/Brembo con mordazas de cuatro pistones y discos ventilados perforados.

EL EQUIPO MOTOR

Totalmente revisado

Callaway reconstruyó totalmente el motor V8 L98 de 5.735,5 cc del Corvette, incorporándole un cigüeñal más fuerte hecho de acero forjado en vez de hierro fundido. La relación de compresión baja hasta 7,5/1 mediante el uso de pistones Cosworth o Mahle, para permitir la turboalimentación con dos turbos RotoMaster. Las culatas de aleación de aluminio están fresadas y tienen resortes de válvula más fuertes y válvulas de acero inoxidable, y la inyección electrónica de combustible estándar ha sido recalibrada para ayudar a obtener la nueva potencia se salida.

Doble intercooler

Cigüeñal de acero

Doble turboalimentador RotoMaster

Pistones de compresión 7,5:1

El Vette soñado

Su increíble aceleración, su maniobrabilidad y frenado perfectos, unidos a su diseño extraordinariamente llamativo y su muy limitada producción, han hecho del Corvette Speedster uno de los coches de alta calidad funcional más deseados de todos los tiempos en cualquier parte del mundo.

Pocos son los afortunados que pueden presumir de poseer un Callaway Speedster.

Callaway CORVETTE SPEEDSTER

Callaway demostró que no había necesidad de bajar por la ruta del ZR-1 con un complicado V8 quad-cam de 32 válvulas, sino que para conseguir una enormidad de caballos de vapor bastaban dos turboalimentadores interrefrigerados que produjesen 420 CV.

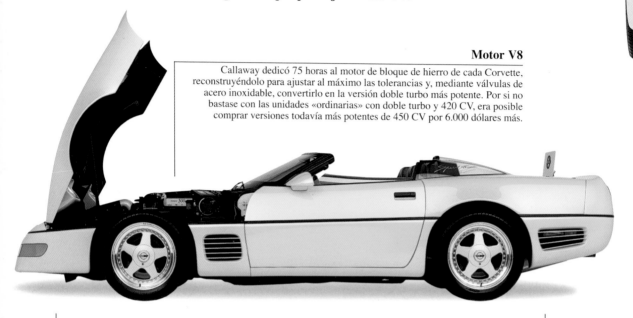

Motor V8

Callaway dedicó 75 horas al motor de bloque de hierro de cada Corvette, reconstruyéndolo para ajustar al máximo las tolerancias y, mediante válvulas de acero inoxidable, convertirlo en la versión doble turbo más potente. Por si no bastase con las unidades «ordinarias» con doble turbo y 420 CV, era posible comprar versiones todavía más potentes de 450 CV por 6.000 dólares más.

Turboalimentadores interrefrigerados

El incremento de potencia se debe en su mayor parte a los dos turboalimentadores. Las unidades RotoMaster refrigeradas por agua ofrecen potencia rápida con escaso retardo. El aire se hace pasar a través de dos intercoolers para mantenerlo denso y ayudar a desarrollar más potencia.

Superventilación

El Speedster cuenta con diferentes canales de ventilación muy amplios, tanto en su parte delantera como en la trasera, para asegurarse de que el motor recibe aire suficiente y que los grandes frenos quedan debidamente refrigerados. Su exagerado tamaño se debe a motivos tanto funcionales como puramente estéticos.

Interior en piel

Callaway forraba en piel de primerísima calidad todos los detalles interiores del Speedster, previo pago de un plus de 12.000 dólares.

Luna trasera envolvente

Las ventanillas se prolongan hasta la luna trasera y complementan los abultados reposacabezas, que son uno de los rasgos más prominentes del diseño del Speedster.

Parabrisas rebajado

Callaway recortó en 17,78 cm los pilares-A del orvette para rebajar el parabrisas. Sin embargo, éste no es exactamente 17,78 cm más bajo debido a la gerada desviación de la vertical, si bien resulta más aerodinámico a alta velocidad.

Colores exóticos

Los Speedster podían adquirirse en 12 colores distintos, pero algunos de los tonos más exóticos, como el verde lima envejecido, el rosa picante o el naranja fusión nuclear, eran una opción bastante costosa, a nada menos que 7.500 dólares.

Características

1991: Callaway Corvette Speedster

MOTOR
Tipo: V8.
Construcción: Bloque de hierro fundido y culata de aleación.
Distribución: Dos válvulas por cilindro, operadas por un solo árbol de levas montado en vee por medio de balancines y empujadores.
Diámetro y recorrido: 10,16 x 8,83 cm.
Cilindrada: 5.735,5 cc.
Relación de compresión: 7,5/1.
Sistema de inducción: Inyección electrónica de combustible, con controlador Callaway Micro Fueller y dos turboalimentadores RotoMaster.
Potencia máxima: 420 CV a 4.250 rpm.
Par máximo: 120 kilográmetros a 2.500 rpm.

TRANSMISIÓN
Manual, de seis velocidades.

CARROCERÍA/TIPO DE CHASIS
Chasis independiente de acero, con carrocería abierta de Speedster de dos asientos en fibra de vidrio.

CARACTERÍSTICAS ESPECIALES

El parabrisas rebajado impide que el aire golpee y zarandee el interior del habitáculo.

El Speedster exhibe una placa especial, montada en la consola.

BASTIDOR
Dirección: De piñón y cremallera.
Suspensión delantera: Doble wishbone (brazo oscilante), con resortes helicoidales, amortiguadores telescópicos y barra estabilizadora.
Suspensión trasera: Multilink con resortes helicoidales, amortiguadores telescópicos y barra estabilizadora.
Frenos: Discos ventilados Brembo con calipers de cuatro pistones (delanteros y traseros).
Ruedas: De aleación de 24 x 45,72 cm (delanteras) y 27,94 x 45,72 cm (traseras).
Neumáticos: Bridgestone RE71 285/35 ZR18.

DIMENSIONES
Longitud: 4,48 m.
Anchura: 1,80 m.
Altura: 1,83 m.
Batalla: 2,34 m.
Vía: 1,51 m (delantero); 1,53 m (trasero).
Peso: 1.452 kg.

EE.UU. 1990-1995

Chevrolet **CORVETTE ZR-1**

Con este motor V8 quad-cam, el ZR-1 tiene un más avanzado generador de energía y mayor calidad funcional que el actual del Corvette C5. Es el último y mejor de los Corvette, un genuino supercoche clásico.

¿El último y mejor Corvette?

«Por encima de las 3.500 rpm, cuando sus 16 inyectores están bombeando combustible tan rápido como el motor es capaz de utilizarlo, la calidad funcional del ZR-1 es pasmosa, incluso en los primeros modelos. Con los motores de 405 CV que vinieron después, pocos coches de los que circulan por carretera podían comparársele. El chasis resiste sin inmutarse la potencia bestial producida por el motor. Puede que sea un tanto brusco y que se esté un tanto incómodo en su estrecho interior, pero es un supercoche muy sensible a la dirección, con potentes frenos y un comportamiento intachable de sus ruedas traseras en carretera.»

El apoyo lateral es excelente en el ZR-1, aunque no es fácil entrar en el habitáculo.

Hitos

1984: Un nuevo Corvette

se introduce finalmente en 1983 como modelo de 1984. Este Corvette de cuarta generación es el mejor en varios años, pero, aunque conserva su formato de motor delantero y tracción trasera, necesita mucha más potencia.

Para 1956, el Corvette maduró por fin, convirtiéndose en un serio deportivo.

1986: Resurge el Corvette

Roadster y se pone a la venta ese mismo año. Resulta seleccionado como coche de paseo para las 500 millas de Indianápolis.

1990: Después de haberle

dado una publicidad desmedida, el ZR-1 entra por fin en producción. El diseño de su parte trasera es inconfundible y único, para diferenciarlo del Corvette estándar.

Un nuevo Corvette totalmente nuevo de quinta generación debutó en 1997.

1993: Se incrementa la

potencia hasta 405 CV y se pone a disposición del público un equipamiento interior especial, conmemorativo del 40.° aniversario, en todos los Corvettes. El ZR-1 regresa, durante dos temporadas más, con nuevas ruedas de aleación de cinco radios.

BAJO LA PIEL

Tecnología norteamericana

Bajo la carrocería de fibra de vidrio se oculta el corazón del ZR-1, el motor de alta tecnología LT5 V8, respaldado por una transmisión ZF de seis velocidades (no había transmisión automática) que proporciona la fuerza a una suspensión trasera totalmente independiente. Los paneles traseros de la carrocería tuvieron que ampliarse para poder alojar los enormes neumáticos Goodyear 315/35.

Chasis backbone todo de aluminio

Frenos antibloqueo estándar

Suspensión trasera totalmente independiente

V8 High-tech

Neumáticos Goodyear Z-rated

EL EQUIPO MOTOR

Diseñado por Lotus

Es un V-8, pero no del tipo que conocemos. Aunque es el clásico 350 V8 de bloque pequeño, el motor LT5 de inyección es todo de aluminio, con dos árboles de levas accionados por cadena por cada bancada de cilindros, que accionan cuatro válvulas por cilindro. El cigüeñal es de acero forjado, muy fuerte, y las bielas son de aleación de acero forjada. Chevrolet empleó a Lotus, en Reino Unido, para diseñar el motor y a Mercury Marine, en EE.UU., para fabricarlo. El sofisticado diseño le permitía ser resintonizado para producir una potencia todavía mayor.

Cuatro árboles de levas y 32 válvulas

Camisas interiores de los cilindros revestidas de Nikasil

Cigüeñal de acero forjado

Construcción todo en aluminio

Fuerza bruta

En 1993, Chevrolet empezó a utilizar el potente LT5 V8 diseñado por Lotus, lo que incrementaba su potencia hasta 405 CV a 5.800 rpm y su par hasta 50 kilográmetros. El primer ZR-1 podía haber sido veloz, pero la potencia extra de este último modelo realmente se llevaba la palma.

Este modelo de 1993 incrementó su potencia de salida hasta los 405 CV.

Chevrolet **CORVETTE ZR-1**

Con el ZR-1, Chevrolet demostró que no hacía falta ni un exótico motor central ni cobrar 100.000 dólares por unidad para ofrecer un vehículo con verdaderas prestaciones de supercoche.

V8 quad-cam

El LT5, una obra maestra de la tecnología, fue originariamente diseñado como motor para barcos. Aunque es todo de aleación, pesa más que el motor de bloque pequeño de hierro fundido de un Chevy.

Ballestas de plástico

Como todos los Corvettes desde que se lanzó el coupé en 1963, el ZR-1 cuenta con ballestas en hoja transversales. Estas ballestas son actualmente de plástico para reducir peso.

Control de tracción

Los Corvettes son a menudo difíciles de controlar en firmes resbaladizos. La introducción del sistema ASR (regulación antideslizamiento) redujo de forma considerable la tendencia del coche a patinar sobre carreteras mojadas.

Monitor de presión de neumáticos

En 1989, todos los Corvettes recibieron un dispositivo de monitorización del estado de presión de los neumáticos, que avisa al conductor por medio de una luz parpadeante cuando la presión es baja.

Selección de marchas CAGS

El CAGS (selección de marchas asistida por ordenador) es un dispositivo que cambia automáticamente en las marchas bajas, cuando detecta una pequeña abertura de las válvulas de admisión.

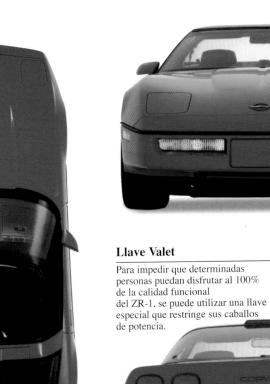

Llave Valet

Para impedir que determinadas personas puedan disfrutar al 100% de la calidad funcional del ZR-1, se puede utilizar una llave especial que restringe sus caballos de potencia.

Carrocería de fibra de vidrio

El ZR-1, como todos los Corvettes, conserva la carrocería de fibra de vidrio. La mitad posterior del vehículo tuvo que ser ampliada para alojar las grandes ruedas del ZR-1.

Control de dirección selectivo

Accionando un simple interruptor, el conductor de un ZR-1 puede elegir entre tres tipos de suspensión diferentes: Touring, Sport o Performance. A medida que aumenta la velocidad, los amortiguadores se vuelven más y más rígidos gracias a un ordenador capaz de realizar diez ajustes por segundo.

Inyección de combustible variable

En conducción normal, el motor del ZR-1 sólo utiliza ocho orificios e inyectores primarios. Cuando se pisa a fondo el acelerador y el motor se coloca por encima de las 3.500 rpm, los ocho inyectores secundarios se activan, produciendo un resultado realmente alucinante.

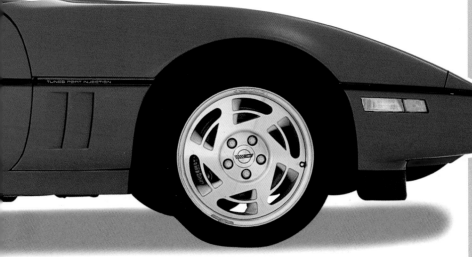

Características

1991: Chevrolet Corvette ZR-1

MOTOR
Tipo: LT5 V8.
Construcción: Bloque, culata y camisas interiores de los cilindros de aleación.
Distribución: Cuatro válvulas por cilindro, operadas por cuatro árboles de levas en cabeza.
Diámetro y recorrido: 9,90 x 9,29 cm.
Cilindrada: 5.735,5 cc.
Relación de compresión: 11/1.
Sistema de inducción: Inyección de combustible multipuerto.
Potencia máxima: 375 CV a 5.800 rpm.
Par máximo: 55,9 kilográmetros a 4.800 rpm.

TRANSMISIÓN
ZF manual, de seis velocidades.

CARROCERÍA/TIPO DE CHASIS
Chasis independiente de acero, con carrocería de coupé de dos puertas en fibra de vidrio.

CARACTERÍSTICAS ESPECIALES

Un rasgo del LT5 es la regulación de flujo throttle control en tres fases.

El prototipo ZR-1 conservaba la disposición del panel de mandos de 1984.

BASTIDOR
Dirección: De piñón y cremallera.
Suspensión delantera: Doble wishbone, con ballestas en hoja transversales de plástico, amortiguadores telescópicos ajustables y barra estabilizadora.
Suspensión trasera: Trailing links superiores e inferiores, ballestas en hoja transversales de plástico, amortiguadores telescópicos ajustables y barra estabilizadora.
Frenos: Discos ventilados delanteros y traseros de 33,02 cm (delanteros) y 30,48 cm (traseros).
Ruedas: De aleación, de 43,18 x 24,13 cm (delanteras) y 34,18 x 27,94 cm (traseras).
Neumáticos: Goodyear Eagle ZR40, 275/40 ZR17 (delanteros) y 315/35 ZR17 (traseros).

DIMENSIONES
Longitud: 4,53 m.
Anchura: 1,86 m.
Altura: 1,18 m.
Batalla: 2,44 m.
Vía: 1,52 m (delantero); 1,57 m (trasero).
Peso: 1.596 kg.

Dodge VIPER GTS-R

El Viper GTS tenía tan buena plataforma que estaba pidiendo a gritos convertirse en un coche de carreras. Y en el GT2 racing, es decir, el GTS-R, con su V10 de 650 CV ha vencido con regularidad a los mejores y ha sido el ganador en su clase en las 24 horas de Le Mans.

Una fiera rabiosa

«Monta esta fiera rabiosa y prepárate para la experiencia de tu vida. Pisa el acelerador, olvídate del embrague y te sentirás catapultado a 97 km/h en sólo 3,1 segundos. Pero la emoción no termina aquí. Este increíble Dodge sigue tirando fuerte a lo largo de todas las marchas, perfectamente acopladas, hasta que alcanza su velocidad terminal justo por encima de los 322 km/h. Pisa fuerte los enormes frenos y comprobarás que el GTS-R es tan bueno para frenar como para acelerar.»

Con sus arneses de cinco puntos y sus indicadores blancos, este Viper (Víbora) está listo para picar.

Hitos

1995: Chrysler asombra al público en Pebble Beach (California), al desvelar esta versión de carreras del Dodge Viper GTS de techo duro.

Dodge lanzó el Viper en 1991, con el RT/10.

1996: Dodge se hace con el GTS-R según lo prometido.

1997: Chrysler se centra en la categoría GT2 en las carreras de deportivos internacionales. Acaba primero-segundo de su clase en las 24 horas de Le Mans. El GTS-R es vencedor total del campeonato mundial GT2, una primicia tratándose de un modelo norteamericano. El piloto inglés del GTS-R, Justin Bell, es el vencedor del mundial.

El piloto del Viper Justin Bell (derecha) celebra su victoria en las 24 horas de Le Mans de 1998.

1998: Para celebrar sus increíbles logros, Dodge pone en venta, a disposición del público, un número limitado de unidades del GTS-R.

BAJO LA PIEL

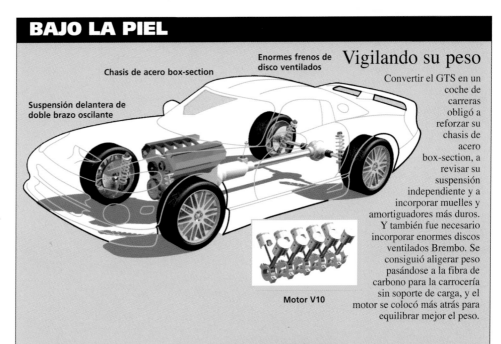

Suspensión delantera de doble brazo oscilante

Chasis de acero box-section

Enormes frenos de disco ventilados

Motor V10

Vigilando su peso

Convertir el GTS en un coche de carreras obligó a reforzar su chasis de acero box-section, a revisar su suspensión independiente y a incorporar muelles y amortiguadores más duros. Y también fue necesario incorporar enormes discos ventilados Brembo. Se consiguió aligerar peso pasándose a la fibra de carbono para la carrocería sin soporte de carga, y el motor se colocó más atrás para equilibrar mejor el peso.

EL EQUIPO MOTOR

Un V10 revisado

Este motor no se parece en nada al del estándar del Viper. Para el GTS-R de carreras, Dodge revisó de forma exhaustiva el Ferrari V10 de aleación de 8 litros para que produjese 650 CV. Sigue siendo un motor de una sola leva y empujador, pero éste, espléndidamente equilibrado y diseñado, disfruta de una relación de compresión de 12,0/1 y de bielas más fuertes de acero forjado. Se han realizado grandes esfuerzos para extraer la máxima potencia posible a los sistemas de admisión y escape. Un sistema de lubricación por cárter seco impide la pérdida de aceite cuando el coche gira a altas velocidades. La potencia máxima es enorme, de 650 CV a 6.500 rpm.

Corredor de pista

El GTS-R es un modelo raro. Tiene una potencia enorme de 650 CV y carrocería de fibra de carbono, un interior austero, propio de un coche de carreras, con indicadores digitales en el tablero de mandos y una suspensión real de coche de carreras. Obviamente, para sacarle el máximo partido hace falta un circuito de carreras.

Los Viper han demostrado ser prácticamente imbatibles en el GT2.

Dodge **VIPER GTS-R**

Dodge sorprendió al mundo cuando decidió producir el RT/10 en 1991. Y después siguió impresionando a los amantes de las carreras cuando ganó el campeonato de la FIA en la clase GT2 con su coche GTS-R espléndidamente equipado.

Motor V10

Las versiones de calle del GTS-R, conocidas ahora como ACR, sacan más potencia de sus V10, pero nada comparable a los 650 CV de los coches de carreras. No obstante, 460 CV a 5.200 rpm es una cifra más que respetable.

Carrocería de composite

Los GTS-R de calle llevan, como los GTS normales, paneles de composite (material compuesto), pero para la carrocería de los coches de carreras serios se elige fibra de carbono, especialmente ligera.

Derivabrisas frontal

Las reglas GT2 permiten ciertas revisiones en la carrocería que mejoran la aerodinámica. Esto explica el cambio en el morro de los GTS-R y la ampliación de sus rocker panels. Estas modificaciones están encaminadas a impedir que el aire se cuele bajo el coche, provocando resistencia aerodinámica y reduciendo el agarre.

Pedales ajustables

En cualquier coche de altas prestaciones, como el GTS-R, resulta esencial conseguir la postura de conducción ideal. Para lograrla, se incorporan pedales controlados electrónicamente que permiten al conductor establecer la relación ideal entre los pedales y el volante.

Suspensión trasera multilink

La suspensión trasera es un diseño SLA con toe link (tirante de ajuste de la convergencia/divergencia) ajustable. Como en la suspensión delantera, los cojinetes de goma se reemplazan por cojinetes esféricos y los muelles y amortiguadores se hacen más rígidos.

Características

1997: Dogde Viper GTS-R

MOTOR
Tipo: V10.
Construcción: Bloque y culata de aleación.
Distribución: Dos válvulas por cilindro, accionadas por un solo árbol de levas montado en V con balancines y empujadores.
Diámetro y recorrido: 10,16 x 9,85 cm.
Cilindrada: 8.000 cc.
Relación de compresión: 12,0/1.
Sistema de inducción: Inyección electrónica de combustible.
Potencia máxima: 650 CV a 6.000 rpm.
Par máximo: 93,1 kilográmetros a 5.000 rpm.

TRANSMISIÓN
Manual, de seis velocidades Borg-Warner.

CARROCERÍA/TIPO DE CHASIS
Chasis independiente de acero box-section, con carrocería de coupé de dos puertas de fibra de carbono o de fibra de vidrio.

CARACTERÍSTICAS ESPECIALES

Con sus precisas seis velocidades, es fácil cambiar de marcha en un Viper GTS-R.

El doble tubo de escape ayuda al GTS-R a producir una fantástica nota de escape.

BASTIDOR
Dirección: De piñón y cremallera.
Suspensión delantera: SLA con resortes helicoidales, amortiguadores telescópicos, cojinetes esféricos y barra estabilizadora.
Suspensión trasera: SLA con toe link (tirante de ajuste de la convergencia/divergencia) extra, resortes helicoidales, amortiguadores telescópicos y barra estabilizadora.
Frenos: Discos ventilados de 33,02 cm de diámetro.
  Ruedas: De aleación, de 45,72 x 27,94 cm (delanteras) y BB5 de tres piezas de 45,72 x 33,02 cm (traseras).
    Neumáticos: Radial Slicks Michelín Pilot SX 27/65-18 (delanteros) y 30/80-18 (traseros).

DIMENSIONES
  Longitud: 4,49 m.
   Anchura: 1,92 m.
    Altura: 1,14 m.
   Batalla: 2,44 m.
     Vía: 1,52 m (delantero); 1,55 m (trasero).
Peso: 1.247 kg.

Ferrari 288 GTO

GTO (Gran Turismo Omologato), en italiano significa «coche de serie aprobado como coche de carreras». En 1984, Ferrari rescató el nombre para su último supercoche de doble turbo. Se construyeron 271 unidades en total para calificarse en las carreras del grupo B.

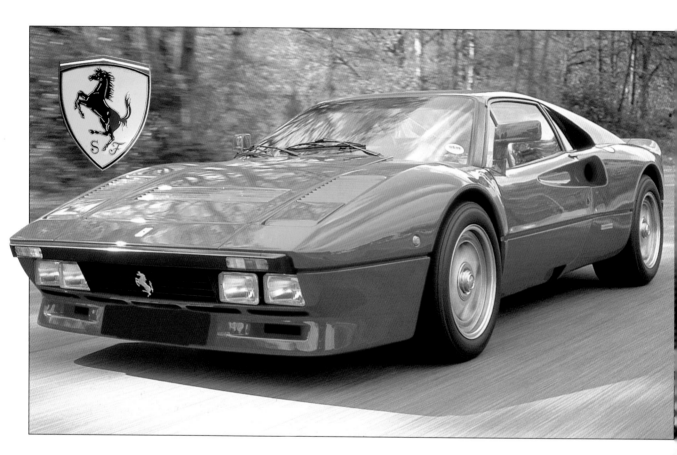

Recuerda a los GTO de los sesenta

«A simple vista se nota que el GTO no es un coche para cualquiera, especialmente para aquellos conductores que esperan comodidad. Parece un GTO de los sesenta: es estrecho, ruidoso, difícil de manejar, con un cambio de marchas duro y un fuerte embrague. No obstante, si lo llevas a una autopista, se sentirá como pez en el agua. Su V8 turboalimentado catapulta al GTO a 97 km/h en sólo 5 segundos y su maniobrabilidad es sensacional: una mezcla casi perfecta de subviraje y sobreviraje.»

A diferencia del F40, el 288 GTO es bastante suntuoso, con asientos en piel y ventanillas wind-down.

Hitos

1984: En el lanzamiento del 288 GTO, en el Salón del Automóvil de Ginebra, Ferrari anuncia que sólo se construirán 200 ejemplares.

El 250 GTO original debutó como coche de carreras en Sebring en 1962.

1985: La demanda llega a ser tan alta que Ferrari se ve obligada a incrementar la producción más allá de las 200 unidades que se había propuesto.

Tras la cancelación del Grupo B, Ferrari utilizó la tecnología del 288 GTO como base para crear el F40.

1987: El último GTO es entregado al dos veces campeón mundial de Fórmula 1 Niki Lauda. En esos momentos, el valor de los ejemplares utilizados estaba muy por encima del precio oficial. Para conmemorar el 40.º aniversario de la firma, Ferrari construye una serie especial de F40 basados en el chasis y bastidor del GTO. Es el primer coche de calle que supera los 322 km/h.

BAJO LA PIEL

Un Ferrari clásico

En esencia, el 288 GTO está basado en el chasis del 308 GTB y comparte su diseño básico de armazón multitubular, suspensión totalmente independiente y carrocería de acero. En los ejemplares diseñados realmente para carreras, el motor se coloca longitudinal y no transversalmente, como ocurre en el 308 GTB, y detrás de él se monta un nuevo transaxle de cinco velocidades. Esto conlleva un ensanchamiento de 2,44 entre los centros de las ruedas. El track también se amplía 10,16 cm. La carrocería consta de materiales compuestos.

Armazón tubular

Transaxle trasero

Motor colocado longitudinalmente

V8 turboalimentado

EL EQUIPO MOTOR

Inyección electrónica de combustible

Cuatro árboles de levas

Bloque y culatas de aluminio

Dos turboalimentadores IHI

Un racer con doble turbo

Su motor V8 de aluminio a 90º deriva del motor quattrovalvole utilizado en el 308 GTB. Está reforzado en muchas partes y reducido en su tamaño para cumplir las regulaciones que establecen una capacidad máxima de cuatro litros. Se incorporan dos sistemas independientes de inyección/ignición de combustible, uno para cada bancada de cuatro cilindros. Para eliminar el retardo del turbo se utilizan dos pequeños turboalimentadores IHI interrefrigerados, con lo que se produce una potencia de 400 CV a un turboboost máximo de 11,8 psi.

Un grande de todos los tiempos

Como producción especial, homologada y limitada, el 288 GTO siempre ocupará un puesto de honor entre los grandes Ferraris de todos los tiempos. Bajo su belleza elegantemente discreta se oculta una verdadera máquina de correr: es un auténtico pura sangre.

En cuanto se dejó de fabricar, el precio del 288 GTO empezó a subir.

Ferrari 288 GTO

Cuando se lanzó el 288 GTO, era el coche más rápido del mundo y también la máquina más radical de Ferrari. Aunque nunca se llegó a utilizar como coche de carreras, sentó las bases para el increíble F40.

Clásico diseño Pininfarina

Sólo el más quisquilloso de los críticos podría poner algún tipo de pega al diseño, prácticamente perfecto, del 288 GTO, creado por Pininfarina.

Motor longitudinal

A diferencia del 308 GTB de motor transversal, del cual deriva, el GTO tiene el motor montado longitudinalmente y acoplado a la transmisión por un extremo. El tren motor es tan largo que se ve claramente en la placa final de la transmisión en la parte trasera del coche.

Suspensión compacta independiente

Con el fin de reducir al máximo la altura de la suspensión delantera para que el morro quedase bajo, ésta se conecta al extremo más bajo de cada hub carrier y se apoya en la estructura entre los puntos de soporte del wishbone. En la trasera, las unidades de resorte/amortiguador están fijadas en la parte más alta del hub carrier porque ahí la altura no es tan crítica.

Frenos de disco exclusivos

Los frenos de disco ventilados fueron desarrollados expresamente para el 288 GTO por Ferrari y Brembo. El par delantero lleva mordazas twin-pot.

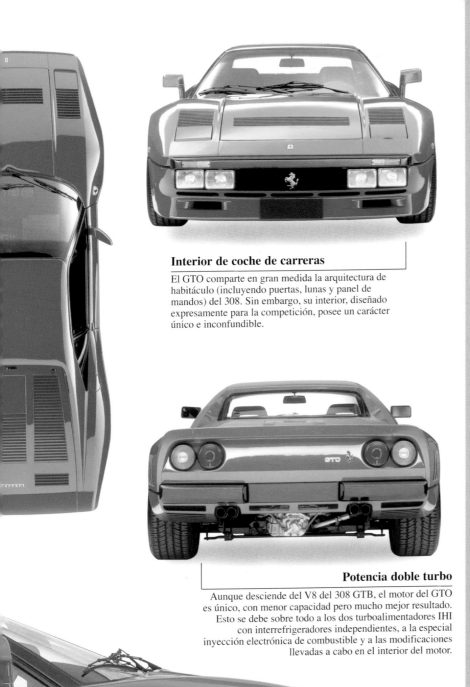

Interior de coche de carreras

El GTO comparte en gran medida la arquitectura de habitáculo (incluyendo puertas, lunas y panel de mandos) del 308. Sin embargo, su interior, diseñado expresamente para la competición, posee un carácter único e inconfundible.

Potencia doble turbo

Aunque desciende del V8 del 308 GTB, el motor del GTO es único, con menor capacidad pero mucho mejor resultado. Esto se debe sobre todo a los dos turboalimentadores IHI con interrefrigeradores independientes, a la especial inyección electrónica de combustible y a las modificaciones llevadas a cabo en el interior del motor.

Características

1984: Ferrari 288 GTO

MOTOR
Tipo: V8.
Construcción: Bloque y culata de aluminio.
Distribución: Cuatro válvulas por cilindro, accionadas por doble árbol de levas montado en cabeza.
Diámetro y recorrido: 8 x 7,11 cm.
Cilindrada: 2.855 cc.
Relación de compresión: 7,6/1.
Sistema de inducción: Inyección electrónica de combustible Weber-Marelli.
Potencia máxima: 394 CV a 7.000 rpm.
Par máximo: 74,2 kilográmetros a 3.800 rpm.

TRANSMISIÓN
Manual, de cinco velocidades.

CARROCERÍA/TIPO DE CHASIS
Spaceframe de tubo de acero con carrocería de coupé de dos puertas de composite (material compuesto)

CARACTERÍSTICAS ESPECIALES

Para arrancar el máximo rendimiento a su motor de 2.855 cc, el GTO dispone de dos turboalimentadores interrefrigerados.

Un detalle que permite reconocer al instante al GTO son sus retrovisores, montados muy arriba.

BASTIDOR
Dirección: De piñón y cremallera.
Suspensión delantera: Wishbones de longitud desigual, con resortes helicoidales, amortiguadores telescópicos y barra estabilizadora.
Suspensión trasera: Wishbones de longitud desigual, con resortes helicoidales, amortiguadores telescópicos y barra estabilizadora.
Frenos: Discos ventilados (delanteros y traseros).
Ruedas: De aleación, de 40,64 cm de diámetro.
Neumáticos: 225/50 VR16 (delanteros) y 265/60 VR16 (traseros).

DIMENSIONES
Longitud: 4,29 m.
Anchura: 1,91 m.
Altura: 1,12 m.
Batalla: 2,45 m.
Vía: 1,56 m (delantero); 1,56 m (trasero).
Peso: 1.306 kg.

Ferrari 308

Como sucesor del Dino, el 308 llevaba un motor pequeño y central. Pero ahora el motor había pasado de las seis a las ocho válvulas y acabaría haciéndose más grande y potente en el 328.

La potencia siempre es suficiente

«Gracias al campeón mundial Niki Lauda, no es de extrañar que el 308 sea uno de los Ferraris que mejor se manejan. Tiende a subvirar ligeramente al principio, pero siempre hay potencia suficiente para enderezar la trasera sin recurrir al acelerador. Sin embargo, como ocurre con todos los coches de motor central, hay que tener cuidado porque pasa muy rápidamente del deslizamiento controlado al giro brusco. A bajas velocidades, tanto el embrague como la dirección son más pesados de lo que uno se espera, pero su rendimiento funcional es exactamente el deseado. Con el V8 de altas revoluciones rugiendo hasta el límite, pasa de 0 a 97 km/h en 6 segundos justos.»

El 308 GTB es un coche descaradamente biplaza, con espacio bajo el capó justo para alojar únicamente una rueda de repuesto.

Hitos

1973: El Dino 308 GT4

es el primero en tener un motor V8 de tres litros. Su diseño Bertone no agrada a todo el mundo, por lo cual Ferrari vuelve los ojos a Pininfarina a la hora de desarrollar su siguiente coche, el nuevo 308, que aparece por primera vez en público en el Salón del Automóvil de París de 1975.

Durante siete años se vendieron unos 3.500 ejemplares del Dino GT4 2+2 diseñado por Bertone.

1977: Ferrari muestra su

modelo GTS con techo Targa, con la sección del techo removible, en el Salón del Automóvil de Frankfurt.

1980: Se introduce, en el

Salón del Automóvil de Ginebra, el Mondial, en esencia un 308 2+2 con un diseño totalmente distinto al del biplaza.

El Mondial se fabricó como convertible y como coupé.

1982: Para compensar la

pérdida de potencia provocada por la normativa de regulación de emisiones, se introdujeron nuevas culatas de cuatro válvulas con el modelo Quattrovalvole, capaz de desarrollar 245 km/h a velocidad máxima.

1985: Concluye la

producción de modelos 308 para dejar paso al nuevo 328.

BAJO LA PIEL

Tradiciones Ferrari

El 308 tiene la construcción típica de Ferrari, un chasis independiente soldado de un tubo de acero, de sección cuadrada sobre el cual se monta la carrocería. Ésta era de fibra de vidrio inicialmente, pero fue sustituida por una carrocería de acero en 1977. El motor V8 está montado transversalmente detrás del habitáculo, justo delante de las ruedas traseras. Su suspensión era tan típicamente Ferrari como su chasis, con wishbones a lo largo de todo el vehículo.

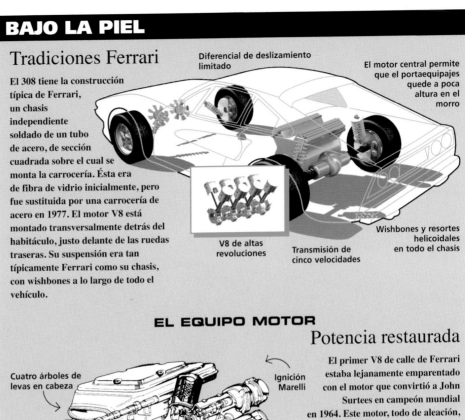

Diferencial de deslizamiento limitado

El motor central permite que el portaequipajes quede a poca altura en el morro

V8 de altas revoluciones

Transmisión de cinco velocidades

Wishbones y resortes helicoidales en todo el chasis

EL EQUIPO MOTOR

Potencia restaurada

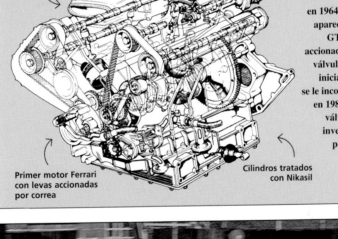

Cuatro árboles de levas en cabeza

Ignición Marelli

Primer motor Ferrari con levas accionadas por correa

Cilindros tratados con Nikasil

El primer V8 de calle de Ferrari estaba lejanamente emparentado con el motor que convirtió a John Surtees en campeón mundial en 1964. Este motor, todo de aleación, apareció por primera vez en el Dino GT4, con cuatro árboles de levas accionados por correa en cabeza y dos válvulas por cilindro. A este V8, que inicialmente llevaba carburadores, se le incorporó un sistema de inyección en 1981, y después culatas de cuatro válvulas en 1982. Con todos estos inventos mecánicos, se restauró la potencia de 240 CV, restringida a causa de las regulaciones de emisiones estadounidenses.

El mejor GT

Aunque el 308 evolucionó hasta convertirse en el 328, más potente, el último eslabón en la cadena evolutiva fue el 288 GTO (Gran Turismo Omologato). Comparte el mismo diseño de carrocería, pero incorpora un V8 doble turbo extremadamente potente que produce 400 CV y una velocidad máxima de 282 km/h.

El GTO fue diseñado para competir en el Grupo B, aunque nunca llegó a hacerlo.

Ferrari 308

Es difícil de creer, pero el diseño del 308 tiene ya veinte años de edad. El sustituto del pequeño Dino es un clásico intemporal y su V8 quad-cam le da potencia suficiente para que su rendimiento esté exactamente a la altura de su intemporal belleza.

Rejillas de ventilación del radiador

El aire caliente que atraviesa el radiador frontal es expulsado por estas pequeñas rejillas situadas sobre los guardabarros.

V8 quad-cam

En la época en que este coche se construyó, el Ferrari V8 quad-cam había incorporado dos válvulas más por cilindro para convertirse en la versión quattrovalvole de 32 válvulas.

Discos ventilados en las cuatro ruedas

Gracias a su prácticamente homogénea distribución del peso, el 308 utiliza discos delanteros y traseros de tamaño similar. Todos son ventilados para ofrecer la máxima eficacia en el frenado.

Chasis tubular de acero

Hay cosas que Ferrari parece no estar dispuesta a cambiar nunca, como el chasis independiente de tubo de acero. El 308 podría haber sido un monocasco, pero Ferrari prefirió mantenerse fiel a la tradición.

Techo Targa

Esta versión GTS tiene un techo de estilo Targa en el que existe una sección que puede retirarse y guardarse bajo el capó. Introducido dos años después del GTB, el GTS es una magnífica solución intermedia entre el coupé y el verdadero descapotable.

Tomas de aire del motor

Una rejilla lateral conduce el aire hasta el refrigerador de aceite y la otra lo canaliza hacia la toma de aire del motor, que puede ser de carburador o de inyección, dependiendo de la edad del vehículo.

Faros pop-up

Tal vez la diferencia más significativa entre los diseños del Dino y el del 308 sea el abandono de los faros expuestos y la incorporación de faros pop-up, que permiten dar al morro del coche un perfil más inclinado y suave.

Inyección de combustible

En 1981, los carburadores Weber tradicionales ya habían sido reemplazados por el sistema de inyección K-Jetronic, de Bosch. Este cambio respondía, en parte, al propósito de hacer que el motor fuese más suave, pero sobre todo facilitaba el cumplimiento de las regulaciones sobre emisiones.

Radiador delantero

Como en la mayoría de los coches de motor central, el radiador está montado en la parte delantera, donde puede entrar mucho más aire que en el apretujado compartimento del motor, situado detrás del habitáculo.

Características

1997: Ferrari 308 GTS

MOTOR
Tipo: V8.
Construcción: Bloque y culata de aleación.
Distribución: Cuatro válvulas inclinadas por cilindro, accionadas por cuatro árboles de levas montados en cabeza y accionados por correa.
Diámetro y recorrido: 8,10 x 7,06 cm.
Cilindrada: 2.927 cc.
Relación de compresión: 9,2/1.
Sistema de inducción: Cuatro carburadores Weber con doble starter.
Potencia máxima: 205 CV a 7.000 rpm.
Par máximo: 29,3 kilográmetros a 5.000 rpm.

TRANSMISIÓN
Manual, de cinco velocidades.

CARROCERÍA/TIPO DE CHASIS
Chasis de acero tubular cuadrado, con carrocería de acero biplaza de dos puertas y techo Targa.

CARACTERÍSTICAS ESPECIALES

El 288 GTO utiliza el motor V8 del 308 montado longitudinalmente, pero con doble turbo y dos interrefrigeradores.

Los 308 tuvieron parachoques de color negro hasta que dejaron de fabricarse. Después se realizaron del mismo color que la carrocería.

BASTIDOR
Dirección: De piñón y cremallera.
Suspensión delantera: Doble wishbone, con resortes helicoidales, amortiguadores telescópicos y barra estabilizadora.
Suspensión trasera: Doble wishbone, resortes helicoidales, amortiguadores telescópicos y barra estabilizadora.
Frenos: Discos ventilados de 27,43 cm (delanteros) y de 27,94 cm (traseros).
Ruedas: 165 TR390 de aleación.
Neumáticos: Michelín TRX TR390.

DIMENSIONES
Longitud: 4,38 m.
Anchura: 1,72 m.
Altura: 1,12 m.
Batalla: 2,34 m.
Vía: 1,46 m (delantero); 1,46 m (trasero).
Peso: 1.499 kg.

Ferrari 348 TS

La introducción de regulaciones más estrictas sobre protección contra accidentes y la necesidad de un nuevo diseño de líneas más actuales, dieron como resultado un modelo más grande y rápido que el Ferrari 328. El asombroso 348 sólo sobrevivió cinco años antes de ser reemplazado por el F355.

Un verdadero pura sangre

«Basta con arrancar su V8 quad-cam para comprobar que se trata de un verdadero Ferrari pura sangre. Es un motor extraordinario, extremadamente obediente y al mismo tiempo increíblemente fogoso a las velocidades más altas. Merece la pena bajar las ventanillas en los túneles para escuchar el bramido de inducción de las levas y el gruñido profundo del escape. Es sumamente preciso en la conducción, como cabe esperar, pero se convulsiona al límite; es un Ferrari imperfecto que se solucionó con el F355.»

Los cómodos asientos y los indicadores analógicos del interior hacen del 348 un coche extraordinariamente funcional.

Hitos

1973: Ferrari introduce su primer coche con motor V8 central, el 308 GT4.

1975: Se lanza una versión de dos plazas, el elegante y bien resuelto 308 GTB.

1985: El 328 de 3,2 litros reemplaza al 308, que ya empezaba a quedarse obsoleto.

El Ferrari 328 fue retirado en 1989 para dejar paso al nuevo 348 de 3,4 litros.

1989: Ferrari lanza el sustituto del 328. El nuevo 348 utiliza una versión de 3,4 litros del habitual motor V8, montado en sentido longitudinal en vez de transversal.

El F355, que vino a reemplazar al 348, aún se fabrica.

1994: Se lanza el asombroso F355, que reemplaza al 348 después de cinco años en producción.

Un motor retorcido

La mayor diferencia entre el 328 y el 348 es que este último tiene el motor montado longitudinalmente, y el primero en sentido transversal. Sin embargo, la transmisión, de cinco velocidades, está montada transversalmente. El monocasco, de acero, lleva suspensión wishbone en toda su longitud, con resortes helicoidales y amortiguadores telescópicos en cada esquina, así como barras estabilizadoras delanteras y traseras. Los discos, ventilados en sus cuatro ruedas, le permiten frenar instantáneamente.

Motor montado longitudinalmente

Frenos de disco en las cuatro ruedas

Suspensión wishbone en todo el chasis

V8 de 32 válvulas

EL EQUIPO MOTOR

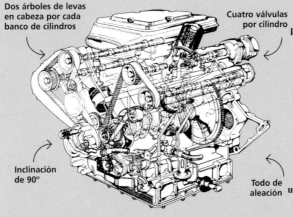

Dos árboles de levas en cabeza por cada banco de cilindros

Cuatro válvulas por cilindro

Inclinación de 90°

Todo de aleación

Un V8 pura sangre

El Ferrari 348 debe su nombre a la potencia del motor: es un V8 de 3,4 litros (de ahí las cifras 3-4-8). El motor se remonta al año 1982, cuando Ferrari introdujo nuevas culatas de cuatro válvulas en el 304 Quattrovalvole. En 1985 se modificó a 3,2 litros, para el 328. En el 348, el motor es un V8, a 90°, de aluminio, con cuatro válvulas por cilindro accionadas por dos árboles de levas por cada bancada de cilindros. La inyección de combustible Bosch Motronic ayuda a este motor a producir unos saludables 300 CV a 7.000 rpm y un par de 103,87 kilográmetros a 4.000 rpm.

El juego de los nombres

Cuando hay que ponerle nombre a un Ferrari, el procedimiento no puede ser más elemental. En el caso del 348 TS, la cifra alude a los de 3,4 litros de su motor V8. La «T» significa que la transmisión está montada en sentido transversal en vez de longitudinal, y la «S», o la «B», describen el diseño de la carrocería: la «S» alude al Spyder, la «T» al techo Targa y la «B» a la Berlinetta (el coupé).

Las carrocerías de los 348 fueron diseñadas por Pininfarina y construidas por Scaglietti.

Ferrari **348 TS**

Cuando Ferrari reemplazó al 328 no se limitó a dar un barniz de modernidad al viejo modelo. Los ingenieros realizaron cambios sustanciales encaminados a crear un verdadero supercoche, uno de los más rápidos del mundo en la época de su lanzamiento: 1989.

Diferencial de deslizamiento limitado

Un diferencial de deslizamiento limitado en un 40% ayuda al 348 a transferir toda su fuerza a la carretera con un mínimo de perturbación.

V8 de 32 válvulas

El V8 todo de aleación del 328 fue ampliado a 3,4 litros para crear el 348. No obstante, el motor está montado longitudinalmente en vez de en sentido transversal (algo visto por primera vez en el Ferrari Mondial), y por esta razón puede estar montado 12,7 cm más hacia abajo en el chasis, con el fin de colocar más bajo el centro de gravedad.

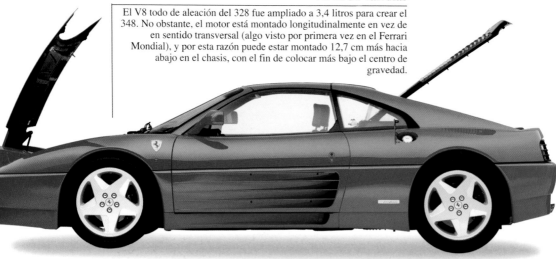

Techo Targa

Esta versión es TS, es decir, con techo Targa, pero en 1993 Ferrari finalmente se decidió a construir una versión verdaderamente descapotable de su modelo más popular en ese momento. Ferrari no había construido un verdadero convertible desde los tiempos del Mondial T Cabriolet, en 1989.

Rejilla decorativa

La rejilla negra del morro no cumple ninguna función práctica. El motor se refrigera con orificios de ventilación de estilo Testarrossa, colocados en la parte trasera de las puertas. Colocar los radiadores al lado del motor obligaba al 348 a ser 13,46 cm más ancho que su antecesor.

Batalla más amplia

Aunque el 348 es 2,54 cm más corto que el 328, su batalla mide 10,2 cm más. Esta ampliación le proporciona una estabilidad mayor que la de su predecesor.

Características

1993: Ferrari 348 TS

MOTOR
Tipo: V8.
Construcción: Bloque y culata de aleación.
Distribución: Cuatro válvulas por cilindro, accionadas por cuatro árboles de levas montados en cabeza.
Diámetro y recorrido: 8,50 x 7,49 cm.
Cilindrada: 3.405 cc.
Relación de compresión: 10,4/1.
Sistema de inducción: Inyección de combustible Bosch Motronic M2.5.
Potencia máxima: 300 CV a 7.000 rpm.
Par máximo: 53,7 kilográmetros a 4.000 rpm.

TRANSMISIÓN
Manual de cinco velocidades.

CARROCERÍA/TIPO DE CHASIS
Monocasco unitario con carrocería de acero Targa biplaza.

CARACTERÍSTICAS ESPECIALES

Las luces traseras del 348 están protegidas por una elegante rejilla negra.

Los característicos flancos del 348 son uno de los rasgos más inconfundibles de su diseño.

BASTIDOR
Dirección: De piñón y cremallera.
Suspensión delantera: Doble wishbone con resortes helicoidales, amortiguadores telescópicos y barra estabilizadora.
Suspensión trasera: Doble wishbone, con resortes helicoidales, amortiguadores telescópicos y barra estabilizadora.
Frenos: Discos ventilados (delanteros y traseros).
Ruedas: De fundición-aleación, de 10,05 x 43,18 cm (delanteras) y 22,86 x 43,18 cm (traseras).
Neumáticos: 215/50 ZR17 (delanteros); 255/45 ZR17 (traseros).

DIMENSIONES
Longitud: 4,23 m.
Anchura: 1,89 m.
Altura: 1,70 m.
Batalla: 2,45 m.
Vía: 1,50 m (delantero); 1,58 m (trasero).
Peso: 1.493 kg.

Ferrari 360 MODENA

El 360 Modena, último de una gran familia de Ferraris de motor central, puso en ridículo a sus competidores. Su increíble carrocería diseñada por Pininfarina no es sólo bella, sino también eficaz: incrementa de forma extraordinaria la adherencia (la carga) sin necesidad de añadir ningún tipo de alerones.

Parece cosa de otro mundo

«Si has conducido un Ferrari de motor central más antiguo, el 360 te sorprenderá. Su interior es mucho más espacioso y cómodo, pero sigues sintiéndote dentro de un verdadero coche de carreras. En carretera, el V8 va como una bala a 4.000 rpm, pero no se queda sin resuello hasta las 8.500 revoluciones. Si esto se combina con sus cambios de marcha de Fórmula 1 callejero, la aceleración parece cosa de otro mundo. La maniobrabilidad es excelente, pero si desconectas el control de tracción, que sea bajo tu responsabilidad.»

Ferrari se ha esforzado mucho en hacer el 360 más confortable que sus predecesores.

Hitos

1967: Ferrari lanza su primer coche con motor central. El Dino 206 GT tiene un motor V6 de dos litros. En 1969, se le incorpora un motor más grande de 2,4 litros al revisado Dino 246 GT.

El primer coche de serie de motor central de Ferrari fue el Dino, lanzado en 1967.

1973: El Dino V6 es reemplazado por el nuevo range 308, el primer Ferrari de la historia con un V8 central. El primer modelo lanzado fue el 308 GT4, diseñado por Bertone.

El 360 Modena sustituye al modelo anterior Ferrari F355.

1999: Después de varias generaciones de Ferraris con V8 central, la compañía lanza su última propuesta: el 360 Modena. Su V8 de 3,6 litros produce unos omnipotentes 394 CV, y su carrocería, creada artesanalmente en el túnel de viento de Pininfarina, produce una fuerza descendente jamás vista.

BAJO LA PIEL

Un prodigio de aleación

El 360 es el primer Ferrari con chasis y carrocería de aluminio. Su carrocería spaceframe/monocasco lo hace 61 kg más ligero que su predecesor, el F355, a pesar de ser más grande que aquél. La suspensión de doble brazo oscilante , de aluminio, se combina con resortes helicoidales, barras estabilizadoras y amortiguadores adaptables que reaccionan, según las circunstancias, para ofrecer la mejor amortiguación posible en cada situación. Los enormes discos ventilados garantizan que el 360 frenará.

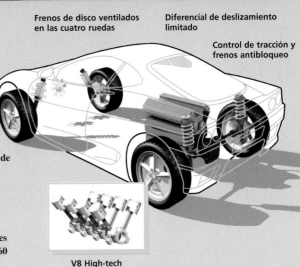

Frenos de disco ventilados en las cuatro ruedas

Diferencial de deslizamiento limitado

Control de tracción y frenos antibloqueo

V8 High-tech

EL EQUIPO MOTOR

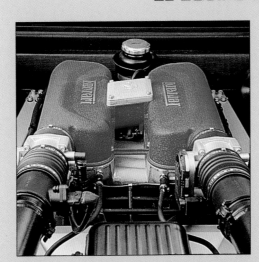

V8 de altas revoluciones

El motor V8 del 360 está totalmente rediseñado. Con una cilindrada de 3,6 litros, cuenta con cinco válvulas por cilindro (tres de admisión y dos de escape), como el viejo F355. Las válvulas son accionadas por dos árboles de levas en cabeza por cada banco de cilindros, con varillas de empuje hidráulicas. El bloque del motor, el colector de aceite y las culatas están fundidos en una aleación ligera con el fin de ahorrar peso.

Las bielas son de titanio y los pistones, de aluminio forjado. Este motor fue uno de los que más potencia específica de salida producían en todo el mundo, 111 CV por litro. Su potencia máxima es de 394 CV a unas vertiginosas 8.500 rpm.

Fuerza descendente

Aunque carece de alerones o grandes aletas aerodinámicas, el 360 Modena produce más fuerza descendente a 113 km/h de la que producía el F355 a velocidad máxima. Fue necesario invertir miles de horas en el túnel de viento de Pininfarina para crear este diseño tan bello y al mismo tiempo tan funcional.

Las pruebas realizadas en el túnel de viento indican que el 360 tiene un coeficiente de resistencia aerodinámica de 0,34.

Ferrari 360 MODENA

Con la llegada del último Porsche 911, Ferrari se vio obligada a superarse a sí misma, y el nuevo y despampanante 360 Modena fue la respuesta: su extraordinaria belleza, sólo comparable a su avanzada tecnología, lo colocaron de inmediato en lo más alto dentro de la «liga de los supercoches».

Motor V8 de 3,6 litros

Aunque la cilindrada de su V8 de 40 válvulas es de sólo 3,6 litros, este motor produce una potencia descomunal: 394 CV, es decir, 111 CV por litro.

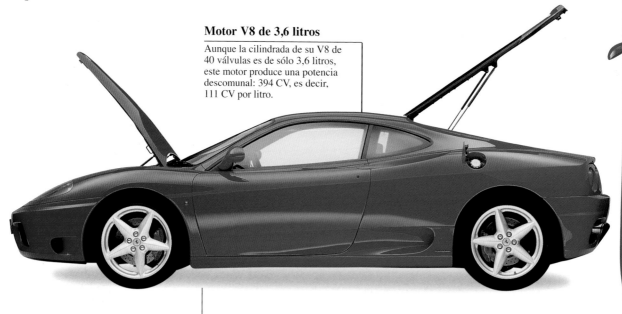

Suspensión de aluminio

La suspensión de doble brazo oscilante, colocada en las cuatro esquinas, es de aluminio. También hay resortes helicoidales y amortiguadores adaptables.

Carrocería y chasis de aluminio

El 360 es el primer Ferrari con chasis y carrocería de aluminio. Este material lo hace más ligero que el F355, a pesar de tener mayor tamaño; además, le aporta más rigidez.

Faros fijos

Los faros pop-up fueron descartados porque afectaban a la aerodinámica cuando se alzaban a altas velocidades.

Aerodinámica avanzada

El 360 está diseñado de forma muy inteligente, gracias a lo cual produce una gran fuerza descendente sin necesidad de alerones o aletas aerodinámicas. Hasta los bajos fueron diseñados en el túnel de viento.

Características

1999: Ferrari 360 Modena

MOTOR

Tipo: V8.

Construcción: Bloque y culata de aleación.

Distribución: Cinco válvulas inclinadas por cilindro, accionadas por dos árboles de levas por cada banco de cilindros y montados en cabeza.

Diámetro y recorrido: 8,63 x 8,02 cm.

Cilindrada: 3.586 cc.

Relación de compresión: 11,0/1.

Sistema de inducción: Inyección de combustible multipunto Bosch.

Potencia máxima: 394 CV a 8.500 rpm.

Par máximo: 59,4 kilográmetros a 4.750 rpm.

TRANSMISIÓN

Semiautomática, de seis velocidades.

CARROCERÍA/TIPO DE CHASIS

Spaceframe/monocasco de aluminio.

CARACTERÍSTICAS ESPECIALES

A pesar de los cambios introducidos en el diseño, se conservan los faros traseros, redondos, típicos de Ferrari.

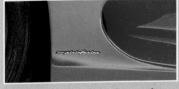

Una vez más, Pininfarina ha creado un diseño de líneas impresionantes para la carrocería de un Ferrari.

BASTIDOR

Dirección: De piñón y cremallera.

Suspensión delantera: Dobles wishbones, con resortes helicoidales, amortiguadores adaptables y barra estabilizadora.

Suspensión trasera: Dobles wishbones, con resortes helicoidales, amortiguadores adaptables y barra estabilizadora.

Frenos: Discos ventilados (delanteros y traseros).

Ruedas: De aleación de 45,72 de diámetro.

Neumáticos: 215/45 ZR18 (delanteros); 275/40 ZR18 (traseros).

DIMENSIONES

Longitud: 4,48 m.

Anchura: 1,92 m.

Altura: 2,60 m.

Batalla: 2,60 m.

Vía: 1,67 m (delantero); 1,62 m (trasero).

Peso: 1.390 kg.

Ferrari **456 GT**

A veces, un coche parece tenerlo todo: velocidad, belleza, maniobrabilidad y diseñador famoso. Y el Ferrari 456 GT es uno de esos coches: el mejor grand tourer de cuatro plazas del mundo.

Increíblemente ágil

«¿Necesitas una velocidad de vértigo? Pues pisa a fondo el acelerador y la tendrás al instante. El embrague, la dirección y los frenos son ligeros y es fácil cambiar de marchas con esa caja de cambios en su rejilla metálica, a pesar de que la transmisión está montada detrás. Para ser un coche relativamente pesado, el 456 GT resulta increíblemente ágil gracias a la equilibrada distribución del peso y a su sistema de dirección. La posibilidad de alternar la suspensión permite controlar mucho mejor la carrocería y una conducción tan suave como se pueda desear.»

El 456 tiene un habitáculo bien equipado, en el que se da aún más importancia al lujo que a la funcionalidad.

1973: Después de haber vendido 1.400 unidades, el Ferrari Daytona deja de fabricarse. Ferrari deja a un lado la clásica receta del motor V12 delantero y se pasa al motor central.

El último Ferrari clásico de motor delantero fue el Daytona de 1973.

1988: Antes de morir, este mismo año, Enzo Ferrari ve progresar el proyecto del 456 GT, el primer Ferrari de motor delantero desde 1973.

El anterior Ferrari de cuatro plazas fue el Mondial, de motor central.

1992: Ferrari lanza el 456 GT en el Salón del Automóvil de París.

1996: Complementando a la versión con la trasmisión de seis velocidades, Ferrrari introduce el GTA con cuatro velocidades automáticas.

Viejo y nuevo

A pesar de su gran motor de doce válvulas y su dirección trasera, el 456 GT puede sonar anticuado, porque su transmisión ZF de seis velocidades está montada detrás, con el engranaje final y el diferencial de deslizamiento limitado; tiene el peso distribuido de forma prácticamente homogénea (52/48). La suspensión es la clásica de Ferrari, con doble brazo oscilante en todo el vehículo; además, incluye amortiguadores que se ajustan electrónicamente y autonivelado trasero.

Amortiguadores ajustables electrónicamente

Transaxle trasero

Frenos de disco ventilados en las cuatro ruedas

V12 todo de aleación

EL EQUIPO MOTOR

Camisas interiores de los cilindros de aleación

Cuatro válvulas por cilindro

Bloque y culata de aleación

Dimensiones oversquare

Exótico multicam

El equipo motor del 456, uno de los más grandes del mundo, es todo de aleación, con las camisas interiores de los cilindros también de aleación. Los cilindros están colocados con una inclinación de 65° y hay cuatro válvulas por cilindro, operadas por dos árboles de levas por cada banco de cilindros y accionados por correa y en cabeza. Cada cilindro desplaza 456 cc (de ahí procede el nombre del modelo), y entre todos suman los 5,4 litros de la cilindrada. El motor es oversquare, y en los cilindros el diámetro supera a la carrera con el fin de producir más revoluciones.

Un 456 sin caja de cambios

Si eres capaz de renunciar a la maravillosa transmisión de seis velocidades del 456, o si tienes que conducir a diario con mucho tráfico, hay un 456 GTA con transmisión automática, controlada electrónicamente, de cuatro velocidades. La pérdida de calidad funcional es mínima.

El 456 es el primer Ferrari con motor delantero desde el 365 Daytona.

Ferrari **456 GT**

Las suaves líneas del 456 GT recuerdan a las del Daytona, pero se trata de un coche menos agresivo y más sofisticado, como corresponde a la década de los noventa. Es uno de coches más hermosos y raros que corren más de lo que aparentan.

Motor V12

El V12 todo de aleación de Ferrari tiene un sistema de lubricación por cárter seco por dos motivos: de este modo el motor tiene menos altura y el capó queda más bajo, y además se evita que el aceite se vierta desde la bomba de aceite en las curvas más cerradas.

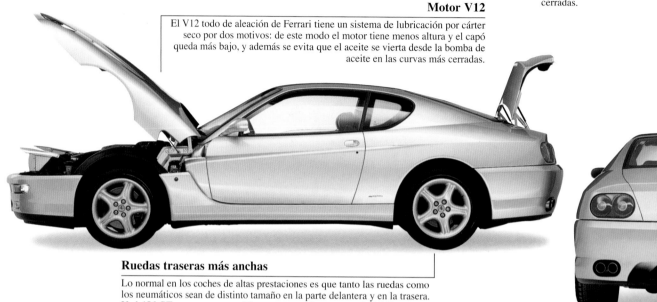

Ruedas traseras más anchas

Lo normal en los coches de altas prestaciones es que tanto las ruedas como los neumáticos sean de distinto tamaño en la parte delantera y en la trasera. Y el 456 GT no es una excepción, con sus ruedas traseras de 25,40 cm y delanteras de 20,32 cm.

Carrocería de aleación

La carrocería de aleación ha caracterizado a Ferrari desde sus primeros tiempos y se conserva en el 456. Los paneles de aleación están soldados al chasis de acero para dar rigidez a la estructura global.

Amortiguadores ajustables

Los amortiguadores Bilstein se ajustan automáticamente según la velocidad y las circunstancias, pero el conductor puede anular manualmente el sistema automático y elegir entre tres opciones: hard (duros), medium y soft (blandos), dependiendo de su estado de ánimo y de sus intenciones.

Frenos ABS

Los Ferraris tienden a ser coches pesados. El 456 estándar es un poderoso peso pesado con llamativos frenos ABS que utilizan el más moderno sistema ATE Mk IV. Las mordazas son de aleación para reducir peso.

Transmisión de seis velocidades

Aunque el V12 tiene gran potencia y par, puede llevar una transmisión de seis velocidades para maximizar el potencial de aceleración y darle una relajada toma directa de 40,7 km/h por 1.000 rpm cuando se viaja a velocidad de crucero en autopista.

Características

1998: Ferrari 456 GTA

MOTOR
Tipo: V12.
Construcción: Bloque y culata de aleación.
Distribución: Cuatro válvulas por cilindro, operadas por cuatro árboles de levas montados en cabeza y accionados por correa.
Diámetro y recorrido: 8,78 x 7,49 cm.
Cilindrada: 5.474 cc.
Relación de compresión: 10,6/1.
Sistema de inducción: Inyección electrónica de combustible Bosch Motronic M2.7.
Potencia máxima: 435 CV a 6.250 rpm.
Par máximo: 69,2 kilográmetros a 4.500 rpm.

TRANSMISIÓN
Automática, de cuatro velocidades, y montada en la parte trasera.

CARROCERÍA/TIPO DE CHASIS
Chasis tubular de acero con carrocería de aleación de 2+2 de dos puertas.

CARACTERÍSTICAS ESPECIALES

El motor Ferrari V12 da tan buen resultado como promete su aspecto a simple vista.

El 456 GTA es el único que se ofrece con una transmisión completamente automática de cuatro velocidades.

BASTIDOR
Dirección: De piñón y cremallera.
Suspensión delantera: Doble wishbone, amortiguadores Bilstein ajustables, resortes helicoidales y barra estabilizadora.
Suspensión trasera: Dobles wishbone, amortiguadores Bilstein ajustables, resortes helicoidales y barra estabilizadora.
Frenos: De disco ventilados (delanteros y traseros).
Ruedas: De aleación, de 20,32 x 43,18 cm (delanteras) y 25,40 x 43,18 cm (traseras).
Neumáticos: 255/45 ZR17 (delanteros); 285/45 ZR17 (traseros).

DIMENSIONES
Longitud: 4,73 m.
Anchura: 1,92 m.
Altura: 1,58 m.
Batalla: 2,60 m.
Vía: 1,58 m (delantero); 1,60 m (trasero).
Peso: 1.820 kg.

Ferrari 550 MARANELLO

Es lógico que Ferrari eligiese el nombre de su ciudad natal para su primer supercoche biplaza de motor delantero desde 1968. Es el Ferrari más veloz que se puede comprar actualmente y, al mismo tiempo, uno de los coches más prácticos de la historia.

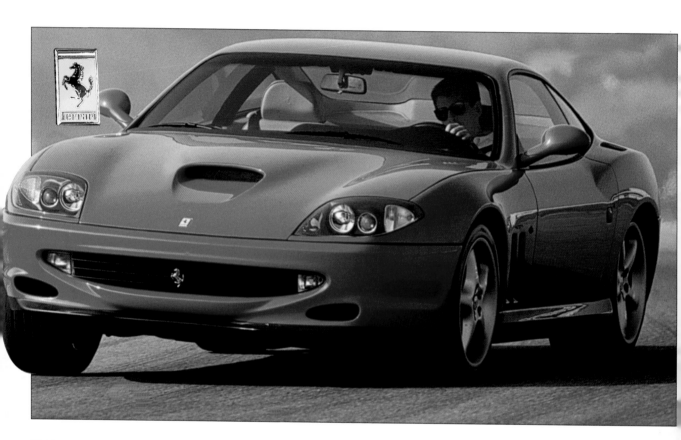

Unas prestaciones que levantan ampollas

«Difícilmente puede sentirse uno insatisfecho después de haber llevado un 550. Además de unas prestaciones que levantan ampollas y un motor V12 maravillosamente obediente, el Maranello posee un chasis sensacional, fluido y que se ajusta minuciosamente a la aceleración. Si le sumas a esto unos grandes frenos Brembo y la transmisión de seis velocidades que permite cambiar de marcha con la mayor suavidad, el resultado es un tremendo deportivo. Por si esto fuera poco, responde la dirección a la velocidad del rayo y permite negociar los giros más bruscos con total confianza.»

En pocos sitios puede sentirse tan a gusto un conductor como al volante de este coche.

Hitos

1992: Ferrari lanza el
456 GT, el primero de una nueva raza de supercoches con motor V12 montado en la parte delantera. Este nuevo coche reemplaza al 512 TR, de motor central, que ya empezaba a quedar obsoleto, y en realidad nunca había sido mucho más que un Testarossa al que se le había dado una mano de maquillaje.

El anterior modelo insignia de Ferrari fue el Testarossa, conocido más adelante como 512 TR.

1996: Michael Schumacher
es invitado por Ferrari a su famoso circuito de pruebas de Fiorano para lanzar el 550 Maranello y causa un gran impacto en los medios con su habilidad al volante.

El Ferrari 456 GT fue el primero de serie con el nuevo motor V12.

1997: «Carrocería
Scaglietti» es un plan de compra que permite a los propietarios personalizar sus 550 Maranello eligiendo entre una larga lista de opciones de ornamentación, lujo y performance.

BAJO LA PIEL

A la orden del día

Suspensión totalmente independiente

Transmisión montada en la parte trasera

V12 de 5,5 litros

Bajo la carrocería diseñada por Pininfarina del 550 se ocultan numerosos rasgos heredados de su antepasado, el Ferrari 456 GT. Ambos comparten la disposición clásica del chasis, el motor V12 y la suspensión, consistente en dobles wishbones a lo largo de todo el vehículo, resortes helicoidales, barras estabilizadoras y amortiguadores ajustables. Para mejorar la distribución del peso, el transaxle está montado en la parte trasera, delante del diferencial.

EL EQUIPO MOTOR

Camisas de los cilindros revestidas de Nikasil

Frenos de disco en las cuatro ruedas

Construcción en aluminio

Cuatro árboles de levas en cabeza

Cuatro válvulas por cilindro

Potencia operística V12

Ferrari tomó el motor V12 del 456 GT y lo modificó para arrancarle 49 CV adicionales. El motor es totalmente de aluminio, con cuatro árboles de levas en cabeza, cuatro válvulas por cilindro, admisión de geometría variable y sistemas de escape. Y no resulta menos impresionante que este potente motor cumpla todas las restricciones impuestas a las emisiones de humos en el planeta. Lo único que se echa de menos en él es el rugido, enmudecido por las leyes que regulan la contaminación acústica.

La lista de opciones

Sólo hay un modelo 550, pero sus especificaciones estándar son increíblemente completas. Existe una lista de opciones disponibles que permiten al comprador personalizar su coche. Entre estas opciones se incluyen un handling package, elementos decorativos en fibra de carbono, llantas modulares y maletero a medida.

El 550, el Ferrari más veloz que se puede comprar actualmente.

69

Ferrari 550 MARANELLO

El nuevo Ferrari 550, que viene a reemplazar al 512M de motor central, es mucho más atractivo. Su única pega es el diseño de la carrocería, que según los críticos no está a la altura de los mejores diseños de Pininfarina.

Ruedas y neumáticos exclusivos

Las ruedas de cinco radios fueron diseñadas expresamente para el 550 por Pininfarina. Los neumáticos también fueron desarrollados ex profeso para este modelo.

Potencia V12

El motor V12 de aleación de 5,5 litros tiene una notable curva de torque, más de100 kilográmetros entre las 3.600 y las 7.000 rpm.

Diseño Pininfarina

Se pidió a la prestigiosa casa de diseño italiana Pininfarina que crease una carrocería que pudiera ser la sucesora espiritual del gran Daytona de los años setenta.

Práctico y espacioso

Al crear el Maranello, se le dio tanta importancia a lo práctico como a las altas prestaciones funcionales. Por esta razón, es un coche de fácil acceso y con 184 litros de capacidad en el maletero.

Control de tracción ASR

El control de tracción impide que las ruedas traseras giren al acelerar, pero puede desconectarse si se desea.

Interior suntuoso

Sus ocupantes disfrutan de un confort incomparable. Entre el equipamiento estándar del Maranello se incluyen asientos ajustables eléctricamente en ocho diferentes posiciones, instrumentación analógica Jaeger LCD, aire acondicionado, tapicería de cuero y un reproductor multi-CD con radio Sony.

Fuerte carrocería de aluminio

La ligera carrocería de aluminio está soldada a una estructura de acero utilizando un material especial denominado Feran. La estructura disfruta de una rigidez torsional tremenda de 93,89 kilográmetros/grados.

Características

1998: Ferrari 550 Maranello

MOTOR
Tipo: V12.
Construcción: Bloque y culata de aleación.
Distribución: Cuatro válvulas por cilindro, accionadas por cuatro árboles de levas en cabeza.
Diámetro y recorrido: 8,78 x 7,49 cm.
Cilindrada: 5.474 cc.
Relación de compresión: 10,8/1.
Sistema de inducción: Inyección de combustible Bosch 5.1 Motronic.
Potencia máxima: 485 CV a 7.000 rpm.
Par máximo: 69,2 kilográmetros a 5.000 rpm.

TRANSMISIÓN
Manual, de seis velocidades.

CARROCERÍA/TIPO DE CHASIS
Estructura de acero, con carrocería de coupé de dos puertas de aluminio.

CARACTERÍSTICAS ESPECIALES

Las rejillas de ventilación tras los arcos de la rueda delantera son una reminiscencia del 275 GTB.

Puede que sea un coche muy nuevo, pero hay cosas que nunca cambian en Ferrari: el 550 Maranello lleva la tradicional rejilla de la palanca de cambios de aleación.

BASTIDOR
Dirección: De piñón y cremallera asistida.
Suspensión delantera: Dobles wishbones con resortes helicoidales, amortiguadores telescópicos y barra estabilizadora.
Suspensión trasera: Dobles wishbones con resortes helicoidales, amortiguadores telescópicos y barra estabilizadora.
Frenos: Discos ventilados (delanteros y traseros).
Ruedas: De aleación, de 45,72 cm de diámetro.
Neumáticos: 255/40 ZR18 (delanteros) y 295/35 ZR18 (traseros), diseñados expresamente para este modelo.

DIMENSIONES
Longitud: 4,55 m.
Anchura: 1,93 m.
Altura: 1,28 m.
Batalla: 2,50 m.
Vía: 1,63 m (delantero); 1,58 m (trasero).
Peso: 1.390 kg.

Ferrari F40

El F40 consiguió exactamente lo que se esperaba de él: restaurar la reputación de Ferrari como fabricante de los deportivos más deseados del mundo. Los Ferraris se habían hecho coches cada vez más pesados y menos hard-edge, pero el F40 consiguió cambiar las cosas.

Una aceleración abrumadora

«Tras deslizarte como un contorsionista en el habitáculo del F40, no te quedará la menor duda de que estás en el más moderno de los «road racers». El pesado embrague muerde con suavidad y la dirección, incluso a vuelta de rueda, también es suave. Diseñado para tomar las curvas a velocidades de tres dígitos, su dura suspensión hace que te sientas como en una batidora si conduces por la ciudad, pero pisa el acelerador y experimentarás el puro vértigo de su aceleración. Su potencia es realmente explosiva, de una ferocidad que no puede soñar ningún otro coche diseñado para la carretera. Tendrás que recalibrar seriamente tus sentidos para ajustarlos a la brutal performance de este Ferrari.»

Aunque su habitáculo es austero, el F40 conserva la rejilla de aleación del cambio de marchas típica de Ferrari.

Hitos

1947: Enzo Ferrari

construye el primer Ferrari. Su filosofía es construir coches que participen en carreras y sirvan de reclamo publicitario para los coches de serie, que a su vez se beneficiarán de la experiencia ganada en las carreras. Así comienza la tradición Ferrari de crear coches de carreras para la calle.

El 250 SWB Berlinetta compitiendo en 1961.

Desde entonces, Enzo llegó

a decir que él construía coches para hombres jóvenes que sólo podían permitirse comprar los hombres viejos. Por desgracia, los Ferraris más deseados son coches de competición como el GTO, el 250 SWB y el 288 GTO, es decir, coches duros de manejar, ruidosos y tan poco aptos para el transporte de pasajeros como sea posible.

1987: Ferrari celebra su

40.º aniversario presentando el F40, lo último de lo último. Lleva ventanillas deslizantes de plástico para ahorrar peso y en su maletero hay sitio para la rueda de repuesto o para el equipaje, pero nunca para ambas cosas a la vez.

1992: Después de haber

fabricado unos 1.315 F40, cesa la producción en la factoría de Maranello.

BAJO LA PIEL

Fuerte pero increíblemente ligero

El chasis es un spaceframe de acero tubular al que se fijan el motor y los demás componentes mecánicos. Todo esto se refuerza fijando paneles de material compuesto, integrado por fibra de carbono entretejida y Kevlar o Nomex, y fijados en el lugar correspondiente, lo que confiere al vehículo una increíble dureza y liviandad al mismo tiempo. Cada puerta pesa menos de 1,58 kg.

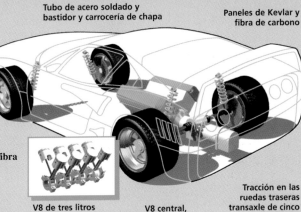

Tubo de acero soldado y bastidor y carrocería de chapa

Paneles de Kevlar y fibra de carbono

V8 de tres litros

V8 central, montado longitudinalmente

Tracción en las ruedas traseras transaxle de cinco velocidades

EL EQUIPO MOTOR

V8 de aleación

El motor V8 de aleación está montado en la parte central, lo que supone una buena distribución del peso. El motor del F40, hecho a mano por los artesanos de Ferrari, tiene cuatro árboles de levas y cuatro válvulas por cilindro. Las válvulas de escape están rellenas de sodio para facilitar la dispersión del calor. Hay tres bombas de aceite, dos para el motor y una para el transaxle. Cada motor se somete a prueba antes de ser instalado en un coche.

Dos turboalimentadores IHI

Cuatro válvulas por cilindro

Dos árboles de levas en cabeza por cada banco de cilindros

Bloque y culata de aleación Silumin

La versión de carreras

Ferrari desarrolló una versión de carreras del F40, el F40 LM (por «Le Mans»). Es más avanzado y potente, y debutó en la serie IMSA, en Laguna Seca, en octubre de 1990, quedando en un respetable tercer puesto con Jean Alesi al volante.

Ferrari F40 LM: La potencia se incrementó hasta 630 CV, desde los 478 CV de la versión de carretera.

Ferrari **F40**

El F40 fue diseñado para ser el coche más veloz que se pudiera conducir por una carretera europea. Era el Ferrari de calle más excitante que se había fabricado en veinte años; tanto, que no se pudo comprar ni una sola unidad en Estados Unidos para utilizarla en carretera.

Efecto tierra

El F40 tiene los bajos muy planos, un morro de línea cuidadosamente estudiada y tomas de aire colocadas estratégicamente para lograr un lift cero en la parte delantera y gran fuerza descendente en la trasera.

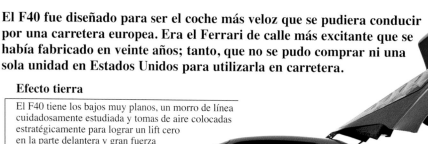

Ruedas modulares

Las ruedas modulares son de aleación ligera, fijadas con pernos y tuercas por la parte de dentro. Los neumáticos, P-Zero ZR de Pirelli, fueron diseñados expresamente para el F40.

Alerón trasero

El alerón trasero es una sección en forma de ala de avión invertida. Sirve para crear fuerza descendente.

Suspensión ajustable

El arco de la suspensión trasera puede ajustarse con facilidad (simplemente inclinando la parte superior de las ruedas hacia dentro o hacia fuera), con el fin de adaptarse a las distintas maneras de conducir y circunstancias.

V8 de tres litros con doble turbo

Los dobles árboles de levas en cabeza por cada banco de cilindros están accionados por correa dentada. Las culatas de los cilindros tienen dos válvulas de admisión y dos válvulas de escape por cilindro.

Doble turbo

Los dos turbos utilizan los gases de escape para accionarse. El aire comprimido atraviesa un interrefrigerador antes de penetrar en el motor. Cuanto más denso es el aire, mayor es la potencia.

Amortiguadores

Los amortiguadores, tanto delanteros como traseros bajan la altura alrededor de los 80 km/h para mejorar la aerodinámica y facilitar la conducción.

Triple tubo de escape

Hay tres tubos de escape en el centro: uno por cada banco de cilindros y un tercero para la descarga de los turbos.

Habitáculo

Los frenos y la dirección no son asistidos para que el conductor sienta mejor el tacto de los controles. Se puede elegir entre tres tamaños para los asientos.

Dos tanques de combustible

Tiene dos tanques de combustible con tapas quick-fill, de 113,55 litros de capacidad. Un sistema de inyección Marelli-Weber alimenta el motor.

Características
1992: Ferrari F40

MOTOR
Tipo: V8, 90°.
Construcción: Bloque y culata de aleación ligera. Camisas de los cilindros con Nikasil.
Diámetro y recorrido: 8,43 x 6,95 cm.
Cilindrada: 2.936 cc.
Relación de compresión: 7,8/1.
Sistema de inducción: Dos turbos IHI, interrefrigeradores, inyección de combustible Marelli-Weber, dos inyectores por cilindro.
Ignición: Marelli-Weber sin distribuidor.
Potencia máxima: 478 CV a 7.000 rpm.
Par máximo: 85,5 kilográmetros a 4.000 rpm.

TRANSMISIÓN
Transaxle: Cinco velocidades más marcha atrás (non-synchro opcional); lubricado por bomba; diferencial de deslizamiento limitado.

CARROCERÍA/TIPO DE CHASIS
Paneles de fibra de carbono y Kevlar en la carrocería, con tubo de acero y soportes de la suspensión soldados.

CARACTERÍSTICAS ESPECIALES

El motor está cubierto por una persianilla para que el calor se disperse.

Si no es bastante sus 478 CV, se podía encargar un factory kit de 200 CV adicionales.

BASTIDOR
Suspensión delantera: Wishbones de longitud desigual con muelles sobre amortiguadores, barra estabilizadora.
Suspensión trasera: Wishbones de longitud desigual con muelles sobre amortiguadores, barra estabilizadora.
Frenos: Discos ventilados, mordazas multipistón (delanteros y traseros), mordaza independiente en el freno de mano.
Ruedas: Modulares de aleación ligera de 43,18 cm.

DIMENSIONES
Longitud: 4,36 m.
Anchura: 1,97 m.
Altura: 1,13 m.
Batalla: 2,45 m.
Vía: 1,59 m (delantero); 1,60 m (trasero).
Peso: 1.100 kg.

Ferrari **F50**

Ferrari decidió celebrar sus cincuenta años de fabricación de coches de carreras y de calle construyendo un turismo que se pareciera lo más posible a un Fórmula 1. El resultado fue el increíble F50.

El supercoche de los supercoches

«Los Fórmula 1 son prácticamente imposibles de manejar por conductores normales y corrientes. Sin embargo, el F50, que es el supercoche de los supercoches, es facilísimo de llevar. Su embrague es duro pero progresivo, por lo que no se cala al instante. El cambio de marchas es muy rápido y preciso. El coche no da "tirones". El F50 tiende a subvirar mínimamente, se agarra fuerte al asfalto y es muy noble, pero, por encima de todo, te hará evocar la increíble aceleración de un Grand Prix, con "banda sonora" incluida.»

El interior del F50 es distinguido, elegante y práctico, pero a la vez muy básico para reducir peso.

1987: Aparece el Ferrari

F40 como una forma de celebrar el 40.º aniversario del año en que se fabricó el primer Ferrari de calle: el 166 Inter, con su diminuto motor V12 de 1,5 litros.

El 288 GTO precedió al F40 y fue una homologación especial.

1990: Se proyecta la

creación del F50 y Ferrari empieza a estudiar los motores de Fórmula 1 de la época, utilizados para propulsar los coches de Alan Prost y Nigel Mansell, para ver si pueden adaptarse para su uso en carretera.

El F40 se construyó para celebrar los cuarenta años de Ferrari.

1997: Se construye el F50

para celebrar sus cincuenta años de producción de coches turismo y de calle. Esta conexión con los coches de carreras explica por qué Ferrari decidió fabricar un coche con un motor V12 derivado de los Fórmula 1 y construido con fibra de carbono. Ferrari se propone producir un número limitado de unidades, con el fin de hacer del F50 un coche realmente exclusivo.

BAJO LA PIEL

Descendiente de coches de carreras

El F50 es tan avanzado como puede serlo un Fórmula 1 destinado al uso en carretera, con su motor central montado rígidamente en un monocasco de fibra de carbono y conectado a una transmisión de seis velocidades que cuenta con su propio intercambiador de calor. La suspensión es de doble wishbone del tipo de los coches de carreras. Los amortiguadores, montados a gran distancia, están accionados por varillas de empuje y un sistema de amortiguación adaptativo detecta las diferencias entre los impactos y gira con las curvas.

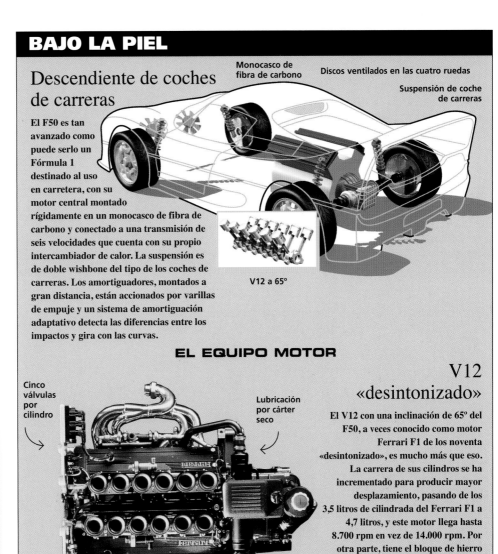

Monocasco de fibra de carbono

Discos ventilados en las cuatro ruedas

Suspensión de coche de carreras

V12 a 65°

EL EQUIPO MOTOR

Cinco válvulas por cilindro

Lubricación por cárter seco

Culata de aleación

Bloque de acero

V12 «desintonizado»

El V12 con una inclinación de 65º del F50, a veces conocido como motor Ferrari F1 de los noventa «desintonizado», es mucho más que eso. La carrera de sus cilindros se ha incrementado para producir mayor desplazamiento, pasando de los 3,5 litros de cilindrada del Ferrari F1 a 4,7 litros, y este motor llega hasta 8.700 rpm en vez de 14.000 rpm. Por otra parte, tiene el bloque de hierro fundido, con lubricación de cárter seco; sus cojinetes de biela son de titanio y, por supuesto, tiene cuatro árboles de levas accionados por cadena y 60 válvulas en total: tres de admisión y dos de escape por cada cilindro.

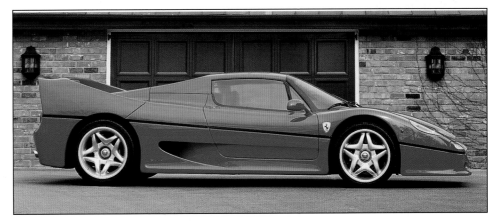

Ágil y veloz

El F50 fue diseñado para correr sin techo, aunque haya un techo sólido. Para producir el roadster más rápido del mundo, Ferrari tuvo que asegurarse de que la aerodinámica alrededor del habitáculo era la correcta, de forma que el viento no zarandease al conductor ni siquiera a gran velocidad.

El F50 es bello con o sin su hard top.

Ferrari **F50**

Un motor Fórmula 1 ampliado, una carrocería de fibra de carbono y una suspensión Pushrod de coche de carreras hacen del F50 el más asombroso y veloz Ferrari que jamás haya podido pisar una carretera.

Frenos de tamaño Fórmula 1

Los frenos del F50 eran tan buenos como los de los Fórmula 1 antes de que se reemplazaran los discos de metal por fibra de carbono. Son unos enormes discos ventilados, de casi 35,56 cm de diámetro, en la parte delantera.

Motor V12

La potencia del motor F1 fue la base del motor del F50. A pesar de ser 1,2 litros mayor, el V12 de 4,7 litros todavía produce sólo 157,39 kilográmos de par, teniendo una potencia de salida de 513 CV.

Ventanillas manuales

El F50 no tiene elevalunas eléctrico porque los motores eléctricos habrían añadido un peso indeseable, además de no ser compatibles con la austeridad de un coche de carreras urbano.

Enorme fuerza descendente

El F50 necesita toda la fuerza descendente que pueda producir, y por eso tiene al menos 159 kg, gracias a su enorme alerón trasero y a la forma de sus bajos, que genera un efecto «venturi» que lo adhiere al asfalto como una ventosa.

Suspensión adaptativa

Se han incorporado amortiguadores Bilstein controlados electrónicamente. Unos sensores detectan la diferencia entre las irregularidades de la carretera y giran mientras el coche toma curvas, por lo que los amortiguadores se endurecen en las curvas, actuando casi como barras estabilizadoras.

Orificios frontales de ventilación

El aire penetra en el ventilador, montado en la parte delantera, a través de la gran abertura que hay en el morro del coche, y después atraviesa el radiador y sale por los dos grandes orificios situados en lo que sería el capó de un coche normal.

Dirección rígida

Para asegurarse de que la dirección responda de la forma más sensible posible, no hay dirección asistida y el mecanismo de la dirección está montado rígidamente en la carrocería.

Fibra de carbono

Nunca se dudó de que la carrocería del F50 estaría hecha de fibra de carbono, como la de los Fórmula 1. Mucho más ligera que el acero, y mucho más fuerte también, confiere al F50 una rigidez torsional inmensa.

Características

1997: Ferrari F50

MOTOR
Tipo: V12.
Construcción: Bloque de acero y culata de aleación.
Distribución: Cinco válvulas por cilindro (tres de admisión y dos de escape), operadas por cuatro árboles de levas en cabeza accionados por cadena.
Diámetro y recorrido: 8,55 x 6,90 cm.
Cilindrada: 4.698 cc.
Relación de compresión: 11,3/1.
Sistema de inducción: Inyección electrónica Bosch Motronic.
Potencia máxima: 513 CV a 8.000 rpm.
Par máximo: 56 kilográmetros a 6.500 rpm.

TRANSMISIÓN
Manual, de seis velocidades.

CARROCERÍA/TIPO DE CHASIS
Carrocería de roadster unitaria de fibra de carbono, con hard top independiente de fibra de carbono.

CARACTERÍSTICAS ESPECIALES

Los resortes internos y amortiguadores están accionados por varillas de empuje.

El motor está cubierto por una persianilla de material compuesto.

BASTIDOR
Dirección: De piñón y cremallera.
Suspensión delantera: Doble wishbone con resortes internos accionados por varilla de empuje y amortiguadores controlados electrónicamente.
Suspensión trasera: Doble wishbone con resortes internos accionados por varilla de empuje y amortiguadores controlados electrónicamente.
Frenos: Discos ventilados, de 35,56 cm de diámetro (delanteros y traseros).
Ruedas: De magnesio de 21,59 x 45,72 cm (delanteras) y de 33,02 x 45,72 cm (traseras).
Neumáticos: Goodyear GS-Fiorano, 245/35 ZR18 (delanteros); 335/30 ZR18 (traseros).

DIMENSIONES
Longitud: 4,48 m.
Anchura: 1,99 m.
Altura: 1,12 m.
Batalla: 2,58 m.
Vía: 1,62 m (delantero); 1,60 m (trasero).
Peso: 1.397 kg.

Ford RS200

El RS200, de Ford, fue diseñado sobre el papel con la idea de convertirlo en el mejor y más moderno coche de rally para el campeonato mundial del Grupo B. Sin embargo, en cuanto debutó, el Grupo B se prohibió, lo cual no le impidió seguir siendo un supercoche, tanto de rallycross como de calle.

Uno se siente muy seguro

«Como todos los coches del Grupo B de "homologación especial", el RS200 de calle es una solución de compromiso. Es más silencioso y convencional que un coche de competición, y tan veloz como el contemporáneo Ferrari 308, aunque no tan bien equipado. Su motor, puesto a punto al máximo, está en su salsa en las carreteras abiertas. Con el motor entre las 3.500 y las 6.000 rpm, la suspensión flexible, la tracción a las cuatro ruedas y el agarre de éstas, uno se siente muy seguro.»

El interior de los coches de calle es más convencional que el de las versiones de competición.

Hitos

1984: Ford lanza un nuevo coche de rally del Grupo B, el RS200. «RS» (Rally Sport) significa que es un proyecto de deportivo de rallies, y «200», que sólo se fabricarán 200 unidades.

La primacía de los Ford en el mundo del rally se inició con el Mk 1 Escort.

1985: El coche número 200 sale de la línea de producción. La factoría del RS200 gana su primer evento, el Rally de Lindisfarne.

1986: El RS200 queda en tercer lugar en su primer campeonato mundial en febrero, y gana su primer rally internacional, el Rally de Ardennes, en Bélgica. Tras los espantosos accidentes de Portugal, los rallies del Grupo B fueron prohibidos.

El Escort RS1800 utilizaba una versión con aspiración natural del motor Cosworth BD.

1987: Las unidades se venden como coches de calle o para uso en rallycross. Todos los encargos han de concluirse a finales de 1988.

BAJO LA PIEL

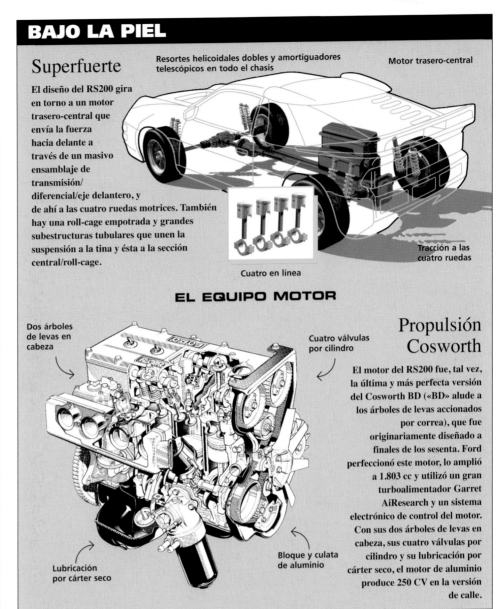

Superfuerte

El diseño del RS200 gira en torno a un motor trasero-central que envía la fuerza hacia delante a través de un masivo ensamblaje de transmisión/ diferencial/eje delantero, y de ahí a las cuatro ruedas motrices. También hay una roll-cage empotrada y grandes subestructuras tubulares que unen la suspensión a la tina y ésta a la sección central/roll-cage.

Resortes helicoidales dobles y amortiguadores telescópicos en todo el chasis

Motor trasero-central

Tracción a las cuatro ruedas

Cuatro en línea

EL EQUIPO MOTOR

Dos árboles de levas en cabeza

Cuatro válvulas por cilindro

Lubricación por cárter seco

Bloque y culata de aluminio

Propulsión Cosworth

El motor del RS200 fue, tal vez, la última y más perfecta versión del Cosworth BD («BD» alude a los árboles de levas accionados por correa), que fue originariamente diseñado a finales de los sesenta. Ford perfeccionó este motor, lo amplió a 1.803 cc y utilizó un gran turboalimentador Garret AiResearch y un sistema electrónico de control del motor. Con sus dos árboles de levas en cabeza, sus cuatro válvulas por cilindro y su lubricación por cárter seco, el motor de aluminio produce 250 CV en la versión de calle.

Todo en blanco

Todos los RS200 eran blancos, y al principio llevaban empotrados asientos de competición Sparco. Los modelos de calle producían 250 CV, pero los de competición podían llegar a los 700 CV. La mayoría de los coches han sido utilizados en competiciones en un momento u otro.

El RS200 es un coche de altas prestaciones, tanto en la calle como en la pista.

Ford **RS200**

El RS200 fue diseñado como el mejor y más avanzado coche de rallys, para que compitiese en la prueba más dura del Rallying Internacional: el terrible y efímero campeonato del Grupo B.

Elegir tracción a dos ruedas

Algunos de los rivales del RS200 tenían tracción permanente a las cuatro ruedas. Sin embargo, los conductores del RS podían seleccionar, si lo deseaban, la tracción sólo a dos ruedas.

BDT twin-cam

El RS200 está propulsado por la versión más avanzada del Ford BDT (motor turbo accionado por correa), un motor de cuatro cilindros y 16 válvulas.

Intercooler en el techo

Las pruebas realizadas en el túnel de viento demostraron que la mejor ubicación para el intercooler, que introducía aire frío y denso en el turbo, sería el techo del coche, por encima de la cubierta del motor.

Características

1986: Ford RS200

MOTOR
Tipo: Cuatro cilindros en línea.
Construcción: Bloque y culata de aleación.
Distribución: Cuatro válvulas por cilindro, accionadas por doble árbol de levas en cabeza.
Diámetro y recorrido: 8,58 x 15,36 cm.
Cilindrada: 1.803 cc.
Relación de compresión: 8,2/1.
Sistema de inducción: Inyección con turboalimentador Garret AiResearch.
Potencia máxima: 250 CV a 6.500 rpm.
Par máximo: 47,7 kilográmetros a 4.000 rpm.

TRANSMISIÓN
Manual, de cinco velocidades.

CARROCERÍA/TIPO DE CHASIS
Chasis de tipo plataforma con carrocería de panal de abeja de aluminio, fibra de carbono y acero.

CARACTERÍSTICAS ESPECIALES

Suspensión heavy-duty para soportar la aspereza del terreno en los rallys.

El intercooler del turbo está montado en la aleta del techo, justo en medio del flujo de aire.

BASTIDOR
Dirección: De piñón y cremallera.
Suspensión delantera: Wishbones superiores e inferiores, con amortiguadores/resortes helicoidales dobles y barra estabilizadora.
Suspensión trasera: Wishbones superiores e inferiores, con amortiguadores/resortes helicoidales dobles y barra estabilizadora.
Frenos: Discos ventilados, de 3,04 cm de diámetro (delanteros y traseros); mordaza independiente en el freno de mano.
Ruedas: De aleación de aluminio de 20,32 x 40,64 cm.
Neumáticos: Pirelli P700, 225/50 VR16.

DIMENSIONES
Longitud: 4 m.
Anchura: 1,76 m.
Altura: 1,32 m.
Batalla: 2,53 m.
Vía: 1,50 m (delantero); 1,49 m (trasero).
Peso: 1.183 kg.

Gran vía
El RS200 estaba diseñado para ser tan ágil como veloz, por lo que, naturalmente, debía tener una corta batalla y una gran vía. Esto, unido a su motor central, hacía del RS200 un coche de rally sumamente manejable.

Amortiguadores y resortes helicoidales dobles
Para absorber las enormes fuerzas que se generan en los rallys del más alto nivel, el RS200 está equipado con amortiguadores y resortes helicoidales dobles en las cuatro esquinas.

Honda **NSX-R**

El Type-R es el modelo más caliente del NSX, cuya versión stock se vende en Estados Unidos con la marca Acura. Esta opción de altas prestaciones no está disponible en los coches estadounidenses, por lo que el Type-R lleva la marca Honda y no Acura.

Una tremenda tracción

«Algunos de los amantes de los coches más civilizados consideran al NSX Type-R como un coche de carreras hardcore con todas las de la ley, por la increíble dureza de su suspensión. Esta suspensión es ideal en carreteras muy lisas, donde el coche puede arrojarse rugiendo sobre las curvas sin que el conductor se inmute en su asiento Recaro. Para redoblar este efecto, el diferencial de deslizamiento limitado proporciona una tremenda tracción. El Honda es el coche más fácil de conducir, a altas velocidades, del mundo, con una maniobrabilidad soberbia y una gran cantidad de feedback.»

Aunque el Type-R es un coche de carreras «superligero», su habitáculo incluye gran cantidad de comodidades modernas.

Hitos

1984: Honda inicia su ambicioso proyecto NSX. La investigación incluye un estudio de los mejores supercoches del mundo con la intención de descubrir cómo mejorarlos.

El ligero Integra Type-R utiliza técnicas perfeccionadas en el NSX.

1989: El NSX debuta en el Salón del Automóvil de Chicago en febrero, un año antes de empezar a producirse en serie.

El NSX se vende con la marca Acura sólo en Estados Unidos.

1990: Se inicia la producción en una factoría, completamente nueva, dedicada exclusivamente al NSX en el Centro Tecnológico de Tochigi.

1992: Honda desvela su peso ligero NSX Type-R. Sigue una versión Mugen, con suspensión más baja y dura, y algo de fibra de carbono en la carrocería, así como un motor de 3,2 litros.

1997: Surge el NSX S.zero de 274 km/h, utilizando la base del Type-R.

BAJO LA PIEL

Un escaparate

El NSX de motor central es enteramente un escaparate de los avances tecnológicos. Usa más aluminio que ningún otro coche. Su chasis/carrocería monocasco es de aleación, con tres grosores diferentes: 1,2 mm en los paneles exteriores; sólo 1 mm en el techo, y 3 mm en las piezas estructurales del interior. Incluso los brazos de la suspensión son de aleación para ahorrar peso, al igual que las subestructuras sobre las que están montados. Se han ahorrado más de 113 kg.

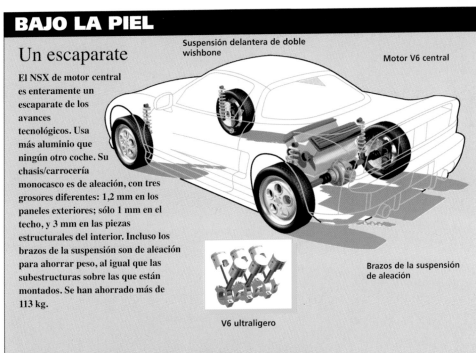

Suspensión delantera de doble wishbone

Motor V6 central

Brazos de la suspensión de aleación

V6 ultraligero

EL EQUIPO MOTOR

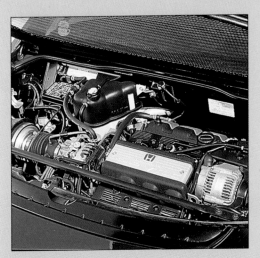

El dominio del racing

La experiencia de Honda construyendo algunos de los mejores motores de carreras del mundo se hizo notar en el V6 de 3 litros y 274 CV del NSX. El bloque y las culatas, naturalmente, eran de aleación, y el motor es una unidad compacta de carrera corta, con cuatro árboles de levas en cabeza accionados por correa y cuatro válvulas por cilindro. Cuenta con bielas de titanio que proporcionan al motor 8.000 rpm. No sólo hay sincronización de válvula variable que se pone en funcionamiento alrededor de las 5.800 rpm, sino que también hay un sistema de volumen de admisión variable. Opera a las mismas rpm para proporcionar un flujo de aire aún mucho mayor al motor. Esto eleva la potencia hasta los 280 CV.

Peso ligero

Aunque el NSX normal es el punto de referencia en la maniobrabilidad de los supercoches, el Type-R es incluso más ágil, con niveles aún mayores de respuesta a la dirección. Su inconveniente es, sin embargo, que viajar en él resulta bastante incómodo, salvo en los firmes lisos y regulares.

El NSX Type-R es una máquina de altas prestaciones, resuelta y elegante.

Honda **NSX TYPE-R**

No te dejes engañar por las apariencias. El NSX-R conserva la belleza del diseño Ferrari del NSX estándar de carretera, pero esa elegante carrocería oculta un motor totalmente nuevo y una suspensión casi tan dura como la de un auténtico coche de carreras.

Ruedas de aleación

Las ruedas del NSX no sólo son de aleación, sino que además están forjadas en vez de fundidas para que sean aún más fuertes. Además, son más ligeras que las típicas ruedas de fundición-aluminio. Se prescindió del neumático de repuesto con el fin de ahorrar peso.

Motor V6

Para el Type-R, el DOHC V6 de 3 litros fue totalmente equilibrado y rediseñado con el fin de que pudiera ser utilizado en competición. La potencia y el par anunciados se conservan prácticamente inalterados, a 280 CV y 37,1 kilográmetros.

Cronometraje variable de válvulas

A 5.800 rpm, las válvulas de admisión y de escape tienen mayor abertura y recorrido, incrementando de este modo la potencia del motor. Un mecanismo hidráulico bloquea los palpadores de levas para ajustarse al perfil de high lift cam.

Severa dieta de adelgazamiento

Con el fin de ahorrar 122 kg, Honda tomó medidas muy drásticas, como prescindir del aire acondicionado, del underseal, del equipo de sonido, de los asientos estándar y de otras piezas del equipamiento eléctrico.

Suspensión trasera wishbone

En la parte trasera se utilizan wishbones de base muy ancha, y lo que parece un track rod de la dirección a cada lado es en realidad un brazo ajustable para cambiar la inclinación de las ruedas. Esto da una medida de la dirección pasiva de las ruedas traseras, que se inclinan hacia dentro bajo la carga de la toma de curvas.

Carrocería de aleación

Poco podía hacerse ya para aligerar la carrocería, salvo cambiar los parachoques de acero revestidos de plástico. La mejor solución, entre la eficacia y la ligereza, fue cambiarlos por otros de aleación.

Características

1993: Honda NSX Type-R

MOTOR
Tipo: V6.
Construcción: Bloque y culata de aleación.
Distribución: Cuatro válvulas por cilindro, operadas por dos árboles de levas en cabeza, cada banco de cilindros por una correa con válvulas de carrera variable VTEC.
Diámetro y recorrido: 8,99 x 7,79 cm.
Cilindrada: 2.997 cc.
Relación de compresión: 10,2/1.
Sistema de inducción: Inyección electrónica de combustible.
Potencia máxima: 280 CV a 7.300 rpm.
Par máximo: 37,1 kilográmetros a 5.400 rpm.

TRANSMISIÓN
Manual, de cinco velocidades.

CARROCERÍA/TIPO DE CHASIS
Monocasco de aleación-aluminio con carrocería de coupé de dos puertas de aleación.

CARACTERÍSTICAS ESPECIALES

La luna trasera se levanta para facilitar el acceso al motor central del NSX.

Las ruedas de aleación son exclusivas del NSX Type-R.

BASTIDOR
Dirección: De piñón y cremallera.
Suspensión delantera: Doble wishbone, con resortes helicoidales, amortiguadores telescópicos y barra estabilizadora.
Suspensión trasera: Doble wishbone, con resortes helicoidales, amortiguadores telescópicos y barra estabilizadora.
Frenos: Discos ventilados, de 28,19 cm de diámetro.
Ruedas: De aleación de 16,51 x 40,64 cm (delanteras) y 20,32 x 40,64 cm (traseras).
Neumáticos: 205/50 ZR15 (delanteros); 225/50 ZR16 (traseros).

DIMENSIONES
Longitud: 4,40 m.
Anchura: 1,81 m.
Altura: 1,17 m.
Batalla: 2,53 m.
Vía: 1,51 m (delantero); 1,53 m (trasero).
Peso: 1.230 kg.

Iso **GRIFO**

Este coche fue creado por Renzo Rivolta como rival de los Ferraris y Lamborghinis. Como característica principal se distingue la elegante línea italiana del Grifo, aunque late en su corazón un V8 del americano Chevrolet Corvette.

Gravemente infravalorado

«El Grifo es, probablemente, el mejor hijo de la ingeniería con una gran belleza, potencia y durabilidad de un motor de Detroit. Puede que el Corvette V8 no tenga el sabor de pura sangre de un V12 italiano, pero no le faltan caballos de fuerza. Y en consonancia con su potencia bruta, el Grifo se ciñe a las curvas a la perfección, con potencia suficiente para limitar su tendencia a subvirar en las curvas. Es un coche gravemente infravalorado.»

El habitáculo del Grifo era suntuoso, con acabados en piel. El aire acondicionado y los acabados en madera, opcionales, contribuían a darle un aire de lujo.

Hitos

1963: Debutan en el Salón
del Automóvil de Turín el A3
Lusso (coche de calle), de
impresionante belleza, y el A3/C,
un coche de competición.

1965: El Grifo, con su
exótica belleza italiana y la
potencia americana de su V8,
empieza a fabricarse en serie. Una
variante de carreras debuta en
Sebring, en 1964, pero no queda en
buen lugar.

*El Iso A3/C de competición
participó en carreras en 1964
y 1965.*

1968: Iso introduce un
segundo Grifo llamado «el 7
litros», con un morro más alargado
y un capó más alto que aloja un
gran V8 big-block (de bloque
grande) de 1.083 cc capaz de
alcanzar velocidades de hasta
270 km.

*El Iso Lele de cuatro puertas
compitió con el Espada, de
Lamborghini.*

1970: Se introducen
pequeños cambios: un morro
mucho más bajo, que aloja faros
semiextraíbles. El motor estándar
es un V8 327 (de 5,4 litros).

1974: La subida de las
primas de los seguros y la crisis
del petróleo son una sentencia de
muerte para el Grifo y cesa la
producción.

BAJO LA PIEL

Inteligente chasis

El Grifo fue construido a mano con gran eficacia.
Las piezas prensadas de acero
embutido se soldaban al
floorpan para
lograr la máxima
rigidez. La
suspensión
delantera,
independiente,
utilizaba resortes
helicoidales y brazos
oscilantes (wishbones) de
longitud desigual. La suspensión
trasera es un eje De Dion, con dobles
brazos radiales y un enlace Watt. También utiliza
frenos de disco Dunlop en las cuatro ruedas.

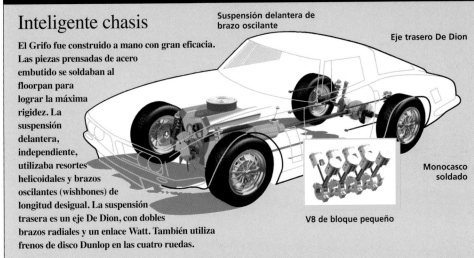

Suspensión delantera de brazo oscilante

Eje trasero De Dion

Monocasco soldado

V8 de bloque pequeño

EL EQUIPO MOTOR

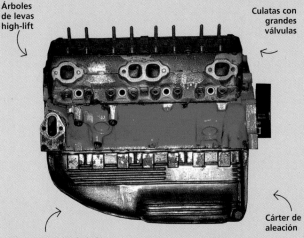

Árboles de levas high-lift

Culatas con grandes válvulas

Cárter de aleación

Cigüeñal de acero forjado

Potencia americana

A diferencia de muchos de sus
rivales italianos, en vez de un
exótico motor multi-cam lleva un
V8 comercial americano de hierro
fundido. El clásico Chevy de
bloque pequeño (small-block), de
5.358,5 cc (5,4 litros) instalado en
el Grifo tenía bielas de acero
forjado, un cárter de aleación con
aletas, levantaválvulas hidráulicos
y un carburador de cuatro
cuerpos. En 1968, se incorporó el
motor de bloque grande (big-
block) de empujador macizo
Chevy «Mark IV», de 1.085 cc (7
litros), dando como resultado el
Grifo 7 litros (que pasó a llamarse
Can Am en 1970).

Pequeños cambios

El diseño del Grifo fue evolucionando a lo largo de su vida. El nuevo modelo
7 litros, de 1968, introdujo un capó protuberante y un morro más alargado.
En 1970 se incorporaron faros semicubiertos para modernizar el aspecto del
coche de cara a la nueva década.

*A partir de 1969, el diseño del
morro de los Grifos presenta
una línea más depurada.*

Iso **GRIFO**

Aunque no tuviese la herencia de algunos de sus rivales, durante un breve período, en la década de los sesenta, la compañía italiana produjo uno de los supercoches de serie más veloces del mundo.

El corazón de un Corvette

El V8 de bloque pequeño del Iso Grifo, también utilizado por el Corvette, desplazaba inicialmente 5.358,5 cc (5,4 litros) y producía de 340 a 350 CV.

Espacio para el equipaje

Aunque pueda alcanzar velocidades de 241 km/h, el Grifo es un verdadero GT, por lo que dispone de sitio para dos maletas en el maletero.

Ruedas de aleación

Casi todos los Grifos llevaban estas bonitas ruedas de fundición-aleación, completadas por spinners de paro automático.

Doble tubo de escape

Para explotar la potencia del V8, era necesario un doble tubo de escape, que proporciona una fantástica nota de belleza.

Excelente visibilidad

La gran luna trasera ofrecía una excelente visibilidad y venía con un desempañador incorporado de fábrica.

Suspensión wishbone

El Grifo seguía la práctica habitual de los supercoches de los sesenta: utilizaba wishbones (brazos oscilantes) de longitud desigual y resortes helicoidales.

Línea elegante

El Grifo fue diseñado por un joven Giorgetto Giugiaro, el responsable de muchos de los coches más elegantes del mundo.

Características

1967: Iso Grifo

MOTOR

Tipo: V8.
Construcción: Bloque y culata de hierro fundido.
Distribución: Dos válvulas por cilindro accionadas por varillas de empuje y balancines.
Diámetro y recorrido: 10,16 x 8,25 cm.
Cilindrada: 5.359 cc.
Relación de compresión: 10,5/1.
Sistema de inducción: Un solo carburador Holley de cuatro cuerpos.
Potencia máxima: 350 CV a 5.800 rpm.
Par máximo: 69,6 kilográmetros a 3.600 rpm.

TRANSMISIÓN

ZF Manual, de cinco velocidades.

CARROCERÍA/TIPO DE CHASIS

Coupé de dos puertas monocasco.

CARACTERÍSTICAS ESPECIALES

Las rejillas laterales son funcionales: dejan salir el aire caliente del compartimento del motor.

Bertone fue el responsable de la bonita carrocería del coupé.

BASTIDOR

Dirección: De recirculación de bolas Burman.
Suspensión delantera: Wishbones superiores e inferiores, con resortes helicoidales y amortiguadores telescópicos.
Suspensión trasera: Eje De Dion, con resortes helicoidales, amortiguadores telescópicos, barra estabilizadora, enlace Watt y brazos radiales.
Frenos: Servofrenos de disco en las cuatro ruedas.
Ruedas: Knock-off de fundición-aleación.
Neumáticos: Pirelli Cinturato 205HS/15.

DIMENSIONES

Longitud: 4,44 m.
Anchura: 1,76 m.
Altura: 1,19 m.
Batalla: 2,70 m.
Vía: 1,41 m (delantero y trasero).
Peso: 1.377 kg.

Jaguar **XJ13**

Parece que el número 13 dio mala suerte a este espectacular coche de carreras Jaguar. Concebido para revivir las glorias de Le Mans de los años cincuenta, nunca llegó a correr, pero su legado se transmitió a los Jaguar de calle con un motor V12.

Una experiencia inolvidable

«Aunque el XJ13 tiene casi 190 cm de anchura, la mitad de este espacio lo acaparan los faldones, pues el habitáculo es increíblemente estrecho: los hombros de los dos ocupantes entrechocan o van literalmente pegados. Cuando se enciende el motor, el sonido es inolvidable: es tan ensordecedor que te destroza los tímpanos. El embrague, de doble placa, es muy duro y da "tirones", también resulta difícil cambiar de marcha, pero una vez en la pista todo esto se olvida cuando el XJ13 despliega todo su potencial.»

Puede que el conductor del XJ13 no esté muy ancho en su habitáculo, pero es que no es un coche diseñado para ser utilizado como cruiser.

Hitos

1964: Jaguar completa el prototipo de su proyecto de motor V12.

1965: Empieza a construirse la carrocería del XJ13.

El D-Type, de Jaguar, cosechó grandes éxitos a finales de los años cincuenta.

1966: Se termina el deportivo de competición XJ13 y en julio bate el récord británico de velocidad, en circuito cerrado, a 260 km/h. Sin embargo, Jaguar se fusiona con BMC y el proyecto XJ13 se detiene para siempre.

El supercoche más reciente de Jaguar es el XJ220, de edición limitada.

1971: Norman Dewis vuelca tras perder una rueda durante una carrera promocional y el coche queda prácticamente destruido.

1972: El nuevo director ejecutivo de Jaguar, «Lofty» England, descubre el XJ13 y lo hace restaurar.

BAJO LA PIEL

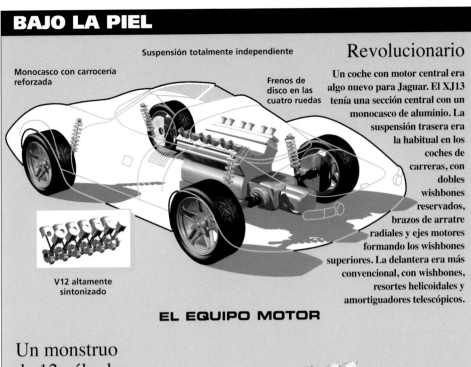

Monocasco con carrocería reforzada

Suspensión totalmente independiente

Frenos de disco en las cuatro ruedas

V12 altamente sintonizado

Revolucionario

Un coche con motor central era algo nuevo para Jaguar. El XJ13 tenía una sección central con un monocasco de aluminio. La suspensión trasera era la habitual en los coches de carreras, con dobles wishbones reservados, brazos de arratre radiales y ejes motores formando los wishbones superiores. La delantera era más convencional, con wishbones, resortes helicoidales y amortiguadores telescópicos.

EL EQUIPO MOTOR

Un monstruo de 12 válvulas

Muchos años antes de que Jaguar anunciase el famoso motor V12 que propulsa a los E-Type y a los XJ sedán, la empresa desarrolló un V12 muy especial y bastante distinto para el XJ13. El bloque de aleación tenía camisas interiores secas y desplazaba 5 litros. La lubricación era por cárter seco y sus cuatro árboles de levas estaban accionados por cadena en dos fases. Es un motor pesado, de 290 kg. Al principio, éste producía 430 CV a 7.500 rpm, pero se reajustó para incrementar su potencia hasta 502 CV a 7.600 rpm durante una prueba de motor estático.

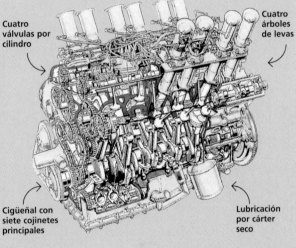

Cuatro válvulas por cilindro

Cuatro árboles de levas

Cigüeñal con siete cojinetes principales

Lubricación por cárter seco

Un único ejemplar

El único XJ13 que llegó a construirse está celosamente custodiado por Jaguar. Aparece de vez en cuando en las exhibiciones de coches clásicos. Es entonces cuando Jaguar suelta a su vieja bestia, normalmente enjaulada en su museo. Pero son muy pocos los afortunados a los que se les permite colocarse al volante.

Sólo se construyó un ejemplar original del XJ13, pero existen algunas cuantas réplicas.

Jaguar XJ13

Mientras Jaguar desvelaba su programa de coches de carreras, allá por los años cincuenta, ya estaba pensando en un regreso espectacular. El resultado fue el XJ13, pero la política y los cambios legislativos causaron su desaparición.

Neumáticos ultraanchos

Para lograr el máximo agarre, se instalaron en el XJ13 neumáticos de 25,40 cm en las ruedas delanteras y de 34,54 en las traseras. Estas medidas eran muy inusuales en los coches de los años sesenta.

Motor Stressed

Siguiendo el ejemplo del Lotus 25 Fórmula 1, el motor del XJ13 es una parte Stressed de la estructura monocasco.

Motor V12 exclusivo

El XJ13 tiene un motor de carreras muy complejo, con doble árbol de levas en cabeza, mientras que los E-Type S3, que circulaban de hecho por las carreteras utilizaban un V12 mucho más práctico, con un solo árbol de levas en cabeza y mucho más fiable también.

Seis transmisiones ZF

Jaguar hizo construir seis transaxles ZF 5DS25/2 para el XJ13 porque era más fácil cambiar la transmisión que el diferencial. Cada una de las seis unidades tenía una relación diferente en la final drive.

Ruedas de aleación

Las ruedas, de aleación de magnesio, fueron fundidas expresamente para el XJ13 y tenían spinners de paro automático. Cuando el coche fue restaurado, a mediados de los setenta, se le instalaron cuatro ruedas nuevas porque las que tenía no daban buenos resultados.

Elegancia intemporal

Las líneas sutiles de su diseño se deben a Malcom Sayer, el diseñador de los grandes coches de carreras E-Type y D-Type de los cincuenta. El diseño global es muy eficaz desde el punto de vista aerodinámico, con la carrocería baja y un morro reducido a la mínima expresión. Se dice que su coeficiente aerodinámico es superior al del Ford GT40.

Monocasco de aluminio

El secreto de la ligereza del XJ13 es su soberbio monocasco, construido enteramente en aluminio. Está guarnecido con una carrocería de aleación ligera fabricada por Abbey Panels, en Coventry (Reino Unido). El motor está montado directamente en el monocasco y no usa bujes de caucho.

Características

1966: Jaguar XJ13

MOTOR
Tipo: V12.
Construcción: Bloque y culata de aluminio.
Distribución: Dos válvulas por cilindro, operadas por dos árboles de levas en cabeza accionados por cadena.
Diámetro y recorrido: 8,68 x 6,98 cm.
Cilindrada: 4.991 cc.
Relación de compresión: 10,4/1.
Sistema de inducción: Inyección de combustible Lucas.
Potencia máxima: 502 CV a 7.600 rpm.
Par máximo: 65,3 kilográmetros a 5.500 rpm.

TRANSMISIÓN
Manual, de cinco velocidades.

CARROCERÍA/TIPO DE CHASIS
Monocasco de aluminio con carrocería de coupé de dos puertas con techo abierto.

CARACTERÍSTICAS ESPECIALES

Los tubos de admisión son los que más resaltan al ver el motor desde atrás.

Para lograr el máximo agarre, el Jaguar utiliza ruedas de aleación.

BASTIDOR
Dirección: De piñón y cremallera.
Suspensión delantera: Dobles wishbones (brazos oscilantes), con resortes helicoidales, amortiguadores y barra estabilizadora.
Suspensión trasera: Bielas de arrastre con palieres de longitud fija, A-frame inferior con resortes helicoidales, amortiguadores y barra estabilizadora.
Frenos: De disco ventilados (delanteros y traseros).
Ruedas: De aleación de magnesio, de 8,10 cm de diámetro.
Neumáticos: Dunlop Racing,4,75/10,00 (delanteros); 5,30 x 13,60 (traseros).

DIMENSIONES
Longitud: 4,48 m.
Anchura: 1,85 m.
Altura: 96,26 cm.
Batalla: 2,43 m.
Vía: 1,42 m (delantero); 1,42 m (trasero).
Peso: 1.124 kg.

Jaguar **XJ220**

Construido a mano por artesanos y habiendo corrido en Le Mans, el XJ220 tenía que ser el mejor Jaguar deportivo del siglo XXI. Y eso que el prototipo de esta soberbia máquina fue construido, gratis, por los ingenieros de Jaguar en su tiempo libre.

Un predador listo para atacar

«Normalmente, cuando uno se sienta en un supercoche, se da cuenta de que la comodidad es totalmente secundaria y lo único que importa es la calidad funcional. Pero el XJ220 es único: recuéstate en tu asiento y estarás cómodo por muy alto que seas. Este coche está al acecho, como un predador, listo para saltar sobre su presa, pues alcanza 161 km/h en sólo 7,3 segundos. La colocación central-trasera de su motor proporciona un maravilloso equilibrio y el chasis ofrece una integridad estructural masiva.»

El amplísimo tablero de mandos incluye todo tipo de instrumentos. A pesar de sus tremendas prestaciones, no muestra la austeridad espartana de un coche de carreras. Es un lujoso Jaguar.

*l XJ220 utiliza toda la tecnología
aguar para el endurance racing.*

BAJO LA PIEL

Las ruedas están calzadas
con neumáticos de perfil
ultrabajo que cuestan...
¡más de 1.100 dólares
cada uno!

Carrocería de aluminio
diseñada en la línea de los
clásicos Jaguar de carreras.

Un pura sangre con tecnología de racing

Los paneles de aluminio de la
carrocería del XJ220 cubren
un chasis y una suspensión
propios de un coche de
carreras. En la parte trasera,
un motor turboalimentado
diseñado para el racing
transmite su potencia por una
trasmisión de cinco velocidades
que también nace de la vía.

La fuerza viene de un
motor V6 compacto

Frenos de disco ventilados
con rotor desarrollados en
Daytona y Le Mans

Ubicación central-trasera del
motor, para conseguir
máximo equilibrio

Los túneles aerodinámicos
de los bajos crean una
fuerza que «pega» el coche
al asfalto.

EL EQUIPO MOTOR

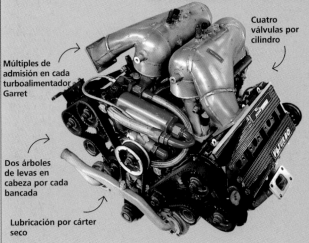

Múltiples de
admisión en cada
turboalimentador
Garret

Cuatro
válvulas por
cilindro

Dos árboles
de levas en
cabeza por cada
bancada

Lubricación por cárter
seco

V6 turboalimentado

El primer prototipo, el XJ220,
utilizaba el V12 clásico de Jaguar y
tracción a las cuatro ruedas.
Sustituirlo por un V6 turboalimentado
y tracción trasera sólo consiguió
acortar el excesivo tamaño del
vehículo 25,40 cm para la producción
en serie. En todo caso, quien no se
queda corto –al menos de potencia– es
el V6: produce 542 CV... ¡incluso con
un catalizador anti-smog instalado!
Fue desarrollado a partir del motor
Jaguar que corrió en Le Mans, con
cuatro árboles de levas en cabeza
accionados por correa, 24 válvulas y
una cilindrada de 3,5 litros.

Elegante fortaleza

Aunque está hecho básicamente de aluminio, el XJ220 no es un peso ligero. Sus
líneas sutiles y sensuales esconden una construcción de panal de abeja
extraordinariamente avanzada. Los paneles y el chasis, enormemente fuertes,
proporcionan al vehículo una integridad estructural gigantesca: tras pasar las
pruebas de colisión impuestas por el gobierno..., ¡todas sus lunas habían quedado
intactas y todas las puertas y paneles traseros se abrían con total normalidad!

*Compartimentos abiertos del
radiador, del motor y del
minúsculo maletero.*

Jaguar **XJ220**

Elegante y esbelto, el diseño del XJ220 está inspirado en el XJ13, un Jaguar de carreras Still-born de los sesenta. Pero bajo la piel es un coche completamente actual, que incorpora los más modernos avances de la tecnología de los coches de carreras.

Espacio para las maletas

Su parte trasera está ocupada por el motor y la delantera por los radiadores que éste necesita para enfriarse, de modo que en el maletero sólo queda espacio para una o dos maletas.

Capó transparente

El capó del XJ220 es un panel de vidrio que puede levantarse y deja permanentemente a la vista su potente motor turbo.

Chasis de aluminio de panal de abeja

Diseñado para ser sencillo y fácil de producir (puesto que el primer XJ220 fue construido por los ingenieros de Jaguar en ratos libres), su chasis está montado con adhesivos en vez de estar soldado.

Motor V6 turbo

Su motor, ligero y compacto, fue diseñado para los coches de carreras IMSA de Jaguar a finales de la década de los ochenta. Adaptado para el uso en carretera, produce 542 CV, más que el gran V12 originariamente previsto para este coche.

Lujoso habitáculo

Asientos tapizados en piel, grueso enmoquetado y un equipo de sonido del más alto nivel recuerdan en todo momento a los ocupantes que están viajando en un Jaguar.

Carrocería de aluminio

Para la carrocería se ha utilizado aluminio ligero. Todos los coches eran ensamblados a mano antes de ser pintados en cinco colores estándar (todos ellos metalizados): plata, gris, azul, verde y marrón.

Ruedas y neumáticos king-size

Los neumáticos y las ruedas, diseñados expresamente para este coche, son tan grandes que no cabría un neumático de repuesto. Si un neumático pierde aire, se rellena con un aerosol que contiene una mezcla especial y puede seguir rodando durante 100 Km a 48 km/h.

Líneas aerodinámicas

Diseñado para ser tan elegante como se espera de un Jaguar, el XJ220 es también eficaz desde el punto de vista aerodinámico. A altas velocidades, el coche produce más de 272 kg de fuerza descendente, que lo mantienen bien agarrado al asfalto.

Urbano

En la mayor parte del mundo está permitido conducir este coche en carretera o por ciudad, aunque no en EE.UU. Jaguar nunca exportó un solo coche a EE.UU., si bien en 1993 se enviaron allí diez unidades para una serie de carreras para televisión.

Características

1993: Jaguar XJ220

MOTOR
Tipo: V6 turboalimentado, a 60°.
Construcción: Bloque y culata de aleación de aluminio.
Diámetro y recorrido: 9,39 x 8,39 cm.
Cilindrada: 3.494 cc.
Relación de compresión: 8,3/1.
Sistema de inducción: Inyección electrónica con dos turboalimentadores Garret con intercoolers aire-aire y control de wastegate.
Potencia máxima: 542 CV a 7.200 rpm.
Par máximo: 86 kilográmetros a 4.500 rpm.

TRANSMISIÓN
Transaxle: Desarrollos FF, todos synchromech; transaxle manual, con sincronizador de triple cono en la primera y segunda marcha; diferencial de deslizamiento limitado con control viscoso.

CARROCERÍA/TIPO DE CHASIS
Monocasco en panal de abeja de aleación de aluminio, con carrocería biplaza de dos puertas de aleación.

CARACTERÍSTICAS ESPECIALES

Originales respiraderos para el compartimento del radiador, en la parte delantera.

Los orificios de ventilación, situados tras las puertas, permiten la entrada de aire en los dos intercoolers del motor.

BASTIDOR
Suspensión delantera: Independiente, con dobles wishbones de longitud desigual, unidades de muelle/amortiguador operadas por empujadores y balancines, y barra estabilizadora.
Suspensión trasera: Independiente, con dobles wishbones de longitud desigual, dos unidades de muelle/amortiguador operadas por balancines y barra estabilizadora.
Frenos: Ventilados, de 33,02 cm (delanteros); de 29,97 cm (traseros); calipers de cuatro pistones.
Ruedas: De aleación de aluminio fundida-troquelada, de 22,86 x 43,18 cm (delanteras) y 25,40 x 45,72 cm (traseras).
Neumáticos: 255/45 ZR17 (delanteros); 345/35 ZR18(traseros).

DIMENSIONES
Longitud: 7,93 m.
Anchura: 2,22 m.
Altura: 1,15 m.
Batalla: 2,64 m.
Vía: 1,71 m (delantero); 1,59 m (trasero).
Peso: 1.470 kg.

Jensen INTERCEPTOR

El Interceptor, diseñado en 1966, lo tenía todo: líneas italianas, un motor americano de ocho válvulas y una conducción equilibrada. El Interceptor original siguió fabricándose, casi inalterado, durante diez años, y se ganó una secta de seguidores que perdura en la actualidad.

Sentido del refinamiento

«El Interceptor, más convencional que deportivo, tiene asientos confortables. Su potente V8 americano y su transmisión automática son los más adecuados para una idea de lo que es la conducción. A pesar de su "amaneramiento", no deja de ser un coche veloz y puede alcanzar 97 km/h en 6 segundos. A pesar de su peso, el Jensen es muy noble en el manejo, y sus frenos le hacen detenerse a velocidades de más de 200 km/h.»

En el habitáculo, hay un juego completo de mandos estándar y los acabados son de la máxima calidad.

Hitos

1966: Jensen presenta dos vehículos, diseñados por Vingale, en el Salón del Automóvil de Londres. Para uno de ellos se desarrolló un sistema de dirección especial con tracción a las cuatro ruedas.

El 1954 541, de Jensen, tenía tres carburadores y frenos de disco en las cuatro ruedas.

1969: Se lanza un Mk II Interceptor mejorado, con un tanque de combustible de mayor capacidad, neumáticos radiales y parachoques de nuevo diseño.

1971: Se introducen el Mk III y un modelo SP con tres carburadores de dos cuerpos y 330 CV. Este año se abandona el FF.

1976: Jensen cierra y se construye el último Interceptor original.

El predecesor del Interceptor fue el CV8, un coche de aspecto un tanto extravagante.

1983: Empieza a fabricarse en serie un nuevo Mk IV, construido por Jensen Parts and Service.

BAJO LA PIEL

Chasis box-section

Eje trasero LIVE

Suspensión delantera independiente

Frenos de disco en las cuatro ruedas

V8 de hierro fundido

Construido para durar

El chasis, montado sobre el CV8, es una estructura box-section de acero. La suspensión es la típica de la época, con wishbones y muelles helicoidales arriba y delante, y ballestas en hoja en la parte trasera, sosteniendo un sólido eje. Una barra Panhard ayuda a colocar el eje trasero y hay frenos de disco en las cuatro ruedas.

EL EQUIPO MOTOR

Potencia Chrysler V8

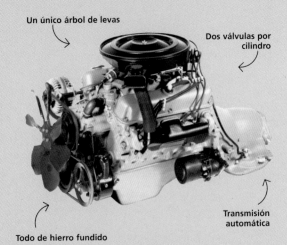

Un único árbol de levas

Dos válvulas por cilindro

Transmisión automática

Todo de hierro fundido

Los Interceptor originales llevaban motores Chrysler V8 de 6.276 cc (6,3 litros) y 7.210 cc (7,2 litros). Ambos motores eran de hierro fundido, con árboles de levas accionados por cadena, y tenían un cigüeñal con cinco cojinetes principales y dos válvulas por cilindro. Con el motor más potente, la aceleración era fantástica, aunque, como es lógico, se resiente el manejo. Los coches Mark IV utilizaban un V8 small-block de 5,9 litros en la antiguo motor de 5.571,6 cc. Éste permitía economizar combustible y mejoraba ligeramente la maniobrabilidad.

High-Tech FF

El Jensen FF –un Ferguson Formula–, tiene tracción a las cuatro ruedas, dirección de piñón y cremallera, y frenos antibloqueo. Un poco más largo que el Inteceptor estándar, es una máquina complicada y sólo se construyeron 320 unidades. Hoy en día sólo existen unos cuantos ejemplares.

El Jensen FF se fabricó desde 1966 hasta 1971.

Jensen INTERCEPTOR

El Jensen Interceptor, presentado en 1966 en el Salón del Automóvil de Londres, es el producto más recordado de la compañía y también del que se vendieron más ejemplares. Era un coche tan bueno que volvió a fabricarse a principios de los ochenta.

Motor Chrysler V8

Todos los Interceptor lleva motores Chrysler V8. Los Mks I-III usaban motores de 6,3 ó de 7,2 litros. Son motores fuertes y fiables, aunque gastan demasiado combustible.

Carrocería de acero

A diferencia de otros modelos anteriores de Jensen, como el CV8, que tenía carrocería de fibra de vidrio, el Interceptor lleva paneles de acero, más adecuados para la producción en grandes cantidades.

Diferencial de deslizamiento limitado

Para mejorar la tracción, que era bastante mediocre, se instaló un diferencial de deslizamiento limitado en el eje trasero.

Puerta trasera de cristal

La abombada puerta trasera de cristal no sólo resulta estéticamente atractiva, sino que además es funcional: toda ella se puede levantar para introducir sin estrecheces las maletas.

Características

1968: Jensen Interceptor

MOTOR
Tipo: V8.
Construcción: Bloque y culata de hierro fundido.
Diámetro y recorrido: 10,79 x 8,59 cm.
Cilindrada: 6.276 cc.
Relación de compresión: 10,0/1.
Sistema de inducción: Un solo carburador de cuatro cuerpos con Carter AFB.
Potencia máxima: 330 CV a 4.600 rpm.
Par máximo: 84 kilográmetros a 2.800 rpm.

TRANSMISIÓN
Chrysler TorqueFlite 727 automática.

CARROCERÍA/TIPO DE CHASIS
Monocasco de acero tubular y de chapa soldada, con carrocería de dos puertas.

CARACTERÍSTICAS ESPECIALES

El Mk II Interceptor tiene un parachoques delantero distinto, con las luces de posición colocadas justo detrás.

Los extractores ayudan a enfriar el motor y a diferenciar el Interceptor del FF, que lleva dos extractores a cada lado.

BASTIDOR
Dirección: De recirculación de bolas.
Suspensión delantera: Wishbones independientes con resortes helicoidales y amortiguadores telescópicos.
Suspensión trasera: Eje trasero motor, unido rígidamente a las ruedas con ballestas en hoja semielípticas, amortiguadores telescópicos y barra Panhard.
   Frenos: Discos Girling de 28,95 cm de diámetro (delanteros) y 27,17 cm de diámetro (traseros).
   Ruedas: Rostyle de acero prensado de 38,10 cm de diámetro.
   Neumáticos: Dunlop 185 x 15.

DIMENSIONES
Longitud: 4,77 m.
Anchura: 1,78 m.
Altura: 1,35 m.
Batalla: 2,67 m.
Vía: 1,42 m (delantero y trasero).
Peso: 1.373 kg.

Amortiguadores ajustables

A pesar de sus anticuadas ballestas en hoja traseras, el Interceptor cuenta con amortiguadores telescópicos ajustables que permiten viajar con suavidad.

Diseño italiano

Sus líneas fueron diseñadas originariamente por Touring, de Milán, y adaptadas por Vignale para crear el Interceptor.

Lancia RALLY 037

Diseñado a toda prisa para ofrecer a Lancia la oportunidad de participar en el World Rally Championship antes de que los coches con tracción a las cuatro ruedas dominasen la escena, el Rally 037, de motor central, cosechó un gran éxito, ganando el título de campeón mundial en 1983.

Un verdadero coche de competición

«Siéntate en el austero habitáculo, cierra las endebles puertas y notarás de inmediato que estás en un auténtico coche de carreras de competición. La suspensión no lleva bujes de caucho y, por tanto, viajar resulta incómodo, pero merece la pena porque, gracias a esto, el motor central permite un manejo perfectamente equilibrado. Toma las curvas con agilidad y tiene tanto agarre que es imposible que su trasera patine sobre pavimentos secos. El sistema de dirección es directo, el embrague duro y la transmisión ZF necesita mano firme.»

El habitáculo de los Rally, del Grupo B, carece por completo de comodidades superfluas.

Hitos

1981: Lancia diseña su

nuevo coche de rally utilizando la sección central del Montecarlo turbo, que ya se estaba utilizando para racing. El nombre 037 procede del número de proyecto de Abarth.

El Montecarlo de serie aporta poco más que su silueta al 037.

1982: Se construyen los

200 coches necesarios para conseguir la homologación. Los siguientes 20 coches Evolution tienen inyección de combustible y algunos paneles de la carrocería de Kevlar. El 037 cosecha su primera victoria en el Rally Pace Nacional.

El Rally 037 turismo es un coche raro y muy solicitado.

1983: La victoria obtenida

en el Rally de Montecarlo es la primera de un coche con motor sobrealimentado. El Rally 037 vuelve a cosechar una nueva victoria, esta vez el World Rally Championship.

1984: Se construye la

versión Evolution 2 del 037. Tiene un motor de 2.111 cc, con 325 CV. Lancia construye 20 unidades entre 1984 y 1985.

Monte Midriff

Lancia tomó la sección intermedia de su coche de calle con motor central (el Beta Montecarlo) y le incorporó subestructuras de acero tubular a ambos extremos para que soportasen el motor longitudinal montado en el centro. Utiliza una suspensión 100% propia de los coches de rally. Es un coche muy distinto del Montecarlo, con amplios wishbones y largos resortes helicoidales con amortiguadores dobles en la parte trasera.

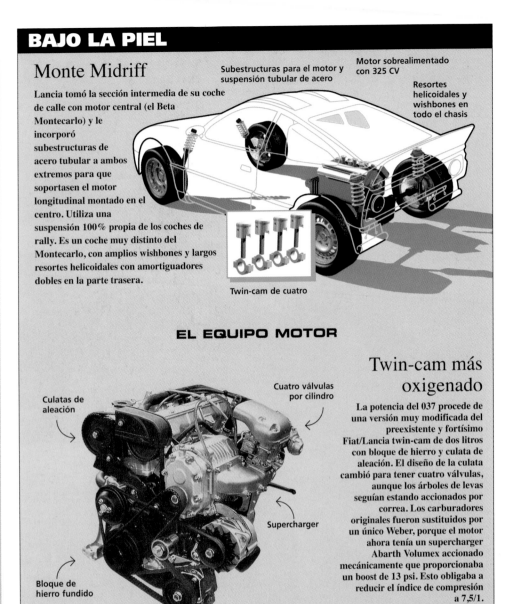

Subestructuras para el motor y suspensión tubular de acero

Motor sobrealimentado con 325 CV

Resortes helicoidales y wishbones en todo el chasis

Twin-cam de cuatro

EL EQUIPO MOTOR

Culatas de aleación

Cuatro válvulas por cilindro

Supercharger

Bloque de hierro fundido

Twin-cam más oxigenado

La potencia del 037 procede de una versión muy modificada del preexistente y fortísimo Fiat/Lancia twin-cam de dos litros con bloque de hierro y culata de aleación. El diseño de la culata cambió para tener cuatro válvulas, aunque los árboles de levas seguían estando accionados por correa. Los carburadores originales fueron sustituidos por un único Weber, porque el motor ahora tenía un supercharger Abarth Volumex accionado mecánicamente que proporcionaba un boost de 13 psi. Esto obligaba a reducir el índice de compresión a 7,5/1.

El mejor Evo

La versión más avanzada del Rally 037 es el Evolution 2, del cual se construyeron 20 unidades en 1984 y 1985. La potencia de sus motores se incrementó hasta 2.111 cc, con cilindros de diámetro y carrera incrementados. Esto contribuyó a subir la potencia hasta los 325 CV a 8.000 rpm.

Los acabados del 037 Evolution 2 eran siempre los propios de un coche de rally: no eran coches de calle.

Lancia **THEMA 8.32**

El Thema era un turismo de ejecutivo, competente y poco excitante. Cuando Lancia le dio un toque de magia Ferrari incorporándole el V8 del 308, creó el mejor street sleeper del mundo. Para ser un turismo de aspecto convencional, sus prestaciones funcionales apabullan con sus 215 CV.

Sinfonía de quad-cam

«Su habitáculo transmite más sensación de lujo que de performance. Este coche sólo revela su verdadera identidad cuando uno empieza a acelerar en carretera. La sinfonía de quad-cams del motor y el infame ruido de escape sólo podrían proceder de un motor Ferrari de tres litros. A pesar de su enorme potencia de salida transmitiéndose a las ruedas delanteras, se ha eliminado prácticamente la dirección de torque. La suspensión y los amortiguadores, controlados electrónicamente, permiten manejar el vehículo con firmeza y gran maniobrabilidad.»

Viendo el lujoso habitáculo de este Thema, nadie diría que se trata de un road rocket (cohete de carretera) con motor Ferrari.

Hitos

1984: Lancia saca al

ercado su nuevo turismo de ejecutivo, el Thema. Es una empresa conjunta y la plataforma será después utilizada en el Alfa Romeo 164, el Fiat Croma y el Saab 9000. Los motores son twin-cam de cuatro cilindros basados en el Fiat y en el PRV (Peugeot, Renault y Volvo) V6 de ,8 litros.

El Thema 8.32 adoptó el motor del Ferrari 308.

1988: Se abandona el

Thema V6, pero se lanza un nuevo modelo, el Thema 8.32. Éste utiliza el motor V8 de tres litros del Ferrari 308, con 215 CV, y puede alcanzar los 225 km/h.

El siguiente Thema, más potente, fue el Turbo de 160 CV.

1990: Deja de fabricarse

el modelo Thema 8.32 sólo dos años después. Se construyeron 2.370 unidades, pero este legendario coche sigue impresionando en la actualidad.

BAJO LA PIEL

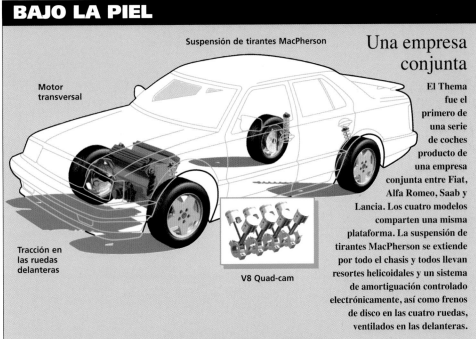

Suspensión de tirantes MacPherson

Motor transversal

Tracción en las ruedas delanteras

V8 Quad-cam

Una empresa conjunta

El Thema fue el primero de una serie de coches producto de una empresa conjunta entre Fiat, Alfa Romeo, Saab y Lancia. Los cuatro modelos comparten una misma plataforma. La suspensión de tirantes MacPherson se extiende por todo el chasis y todos llevan resortes helicoidales y un sistema de amortiguación controlado electrónicamente, así como frenos de disco en las cuatro ruedas, ventilados en las delanteras.

EL EQUIPO MOTOR

Un formidable Ferrari

En vez del twin-cam «de cuatro» basado en el Fiat y el V6 PRV, y utilizado por otras versiones más modestas del Thema, el 8.32 lleva el motor V8 de tres litros del Ferrari 308. Se utiliza la versión Quattrovalvole, que es una unidad toda de aleación con cuatro válvulas por cilindro accionadas por dos árboles de levas en cabeza por cada banco de cilindros. Tiene un sistema de ignición mapped Marelli e inyección de combustible Bosch KE3 Jetronic. En el Ferrari 308 Quattrovalvole, este motor producía 240 CV, pero el Thema 8.32 tenía que arreglárselas con una potencia de salida máxima de 215 CV.

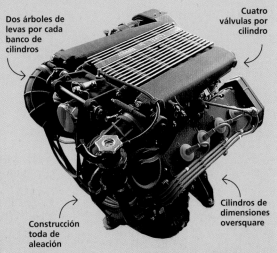

Dos árboles de levas por cada banco de cilindros

Cuatro válvulas por cilindro

Cilindros de dimensiones oversquare

Construcción toda de aleación

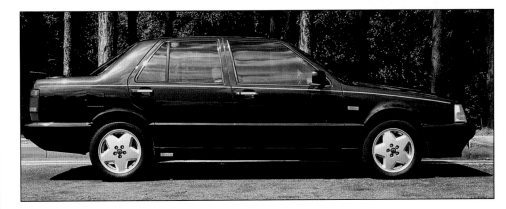

Street sleeper

El Thema 8.32, probablemente, sea el coche de altas prestaciones más engañoso de los ochenta. El Thema es bonito, pero poco llamativo. Eso sí, volverían sin duda la cabeza si oyesen rugir su motor a toda máquina.

Pocos rasgos externos del 8.32 revelan su enorme potencial.

Lancia THEMA 8.32

Antes de que Lancia incorporase el motor Ferrari V8, el más veloz de la serie Thema era el fiero Turbo de cuatro cilindros. Este coche era rápido, pero comparado con el 8.32 se diría que, más que ser lento, corría hacia atrás.

Suspensión de tirantes MacPherson

Además de resortes helicoidales y amortiguación electrónicamente controlada, el Thema utiliza suspensión de tirantes MacPherson en las cuatro esquinas. También lleva barras estabilizadoras en la parte trasera y delantera.

Motor Ferrari V8

Lancia tomó el V8 quad-cam del Ferrari 308 y lo montó, en sentido transversal, en la parte delantera del Thema. Desarrollaba 215 CV (no mucho menos que los 240 CV del Ferrari).

Plataforma común

El Thema está construido sobre una plataforma Type 4, al igual que el Alfa Romeo 164, el Fiat Croma y el Saab 9000.

Ruedas exclusivas

Las ruedas, de aleación de cinco radios, son exclusivas del 8.32 y ayudan a diferenciarlo de otros Thema de menos prestaciones.

Habitáculo lujoso

Con acabados en piel y madera, entre una larga lista de equipamientos estándar, el habitáculo del Thema 8.23 es más propio de un coche de lujo que de un deportivo. A pesar de sus pretensiones deportivas, es capaz de transportar cinco pasajeros en condiciones de máxima comodidad.

Características

1990: Lancia Thema 8.32

MOTOR
Tipo: V8.
Construcción: Bloque y culata de aleación.
Distribución: Cuatro válvulas por cilindro accionadas por cuatro árboles de levas en cabeza.
Diámetro y recorrido: 8,30 x 7,11 cm.
Cilindrada: 2.927 cc.
Índice de compresión: 10,5/1.
Sistema de inducción: Inyección de combustible Bosch KE3 Jetronic.
Potencia máxima: 215 CV a 6.750 rpm.
Par máximo: 34,22 kilográmetros a 4.500 rpm.

TRANSMISIÓN
Manual, de cinco velocidades.

CARROCERÍA/TIPO DE CHASIS
Monocasco unitario con carrocería de sedán de cuatro puertas de acero.

CARACTERÍSTICAS ESPECIALES

La discreta aleta de la puerta del maletero es exclusiva del Thema 8.32.

El V8, diseñado por Ferrari, había sido construido por el fabricante de motocicletas Ducati.

BASTIDOR
Dirección: De piñón y cremallera.
Suspensión delantera: Tirantes MacPherson, con resortes helicoidales, amortiguadores telescópicos y barra estabilizadora.
Suspensión trasera: Tirantes MacPherson, con resortes helicoidales, amortiguadores telescópicos y barra estabilizadora.
Frenos: De disco, ventilados (delanteros) y macizos (traseros).
Ruedas: De aleación de 15,24 x 38,10 cm.
Neumáticos: 205/55 VR15.

DIMENSIONES
Longitud: 4,59 m.
Anchura: 1,76 m.
Altura: 1,42 m.
Batalla: 2,64 m.
Vía: 1,49 m (delantero); 1,48 m (trasero).
Peso: 1.400 kg.

Potentes frenos
El 8.32 lleva discos ventilados en las ruedas delanteras y discos macizos en las traseras. También tiene un sistema de frenado antibloqueo en tres canales.

Espacioso maletero
Su maletero tiene una capacidad de 545 litros, aunque el acceso, relativamente estrecho, a este compartimento, limita el tamaño de los bultos que el coche es capaz de llevar.

Lotus **OMEGA/CARLTON**

Diseñado para convertirse en el más avanzado «buque insignia» de las filiales de GM Vauxhall y Opel, este superturismo de altas prestaciones funcionales, probablemente, fuese el coche de cuatro puertas de serie más veloz del mundo. Su motor straight-six, con doble turbo, puede superar la aceleración del Ferrari Testarossa y tiene una velocidad máxima de vértigo.

Tremendo agarre y fiabilidad

«No juzgues al Lotus Omega por su aspecto; imagínatelo con carrocería de Lamborghini. Porque, sí: es así de veloz. En 11 segundos llega a 161 km/h, en 24 segundos, a 265 km/h, y todavía sigue tirando con fuerza. Incluso a esas velocidades es estable, no se balancea y se deja llevar con facilidad. En cuanto a sus frenos, son simplemente increíbles. Por su tamaño, puede que el Omega se sienta un poco estrecho en las carreteras secundarias, pero en las autopistas y carreteras abiertas nada puede desafiar a su combinación de tremendo agarre y fiabilidad.»

Una caja de cambios de seis velocidades y unos asientos anatómicos ajustados son los únicos elementos llamativos introducidos en el habitáculo.

1988: GM hace entrar a Lotus en el proyecto que acabará convirtiéndose en el Vauxhall Lotus Carlton (y el casi idéntico Opel Lotus Omega). El coche es presentado en el Salón del automóvil de Ginebra en el mes de marzo.

Allá por los sesenta, Lotus convirtió al Cortina Mk I «de andar por casa» en un turismo deportivo legendario.

1990: Empiezan a fabricarse Carltons y Omegas, que se transportan a la fábrica de Lotus en Hethel, donde los técnicos de Lotus, les instalan un motor straight-six, con doble turbo y una transmisión de seis velocidades, además de modificarles el chasis, la suspensión y el exterior.

Lotus utilizó el Omega GSi 3000, de Vauxhall/Carlton/Opel, como base para su supercoche de 370 CV.

1992: Cesa la producción después de que se hubiesen construido 950 unidades. GM tenía previsto fabricar 1.100 coches, pero una gran recesión económica hizo caer la demanda.

BAJO LA PIEL

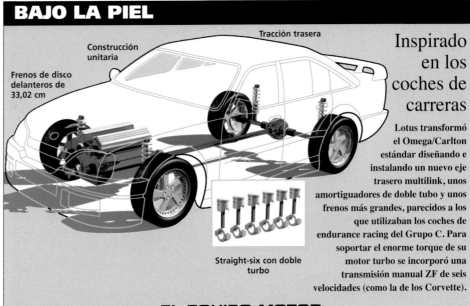

Tracción trasera
Construcción unitaria
Frenos de disco delanteros de 33,02 cm

Straight-six con doble turbo

Inspirado en los coches de carreras

Lotus transformó el Omega/Carlton estándar diseñando e instalando un nuevo eje trasero multilink, unos amortiguadores de doble tubo y unos frenos más grandes, parecidos a los que utilizaban los coches de endurance racing del Grupo C. Para soportar el enorme torque de su motor turbo se incorporó una transmisión manual ZF de seis velocidades (como la de los Corvette).

EL EQUIPO MOTOR

Con más recorrido y mejor alimentado

El motor straight-six del Vauxhall, un twin-cam con bloque de hierro y 24 válvulas, fue transformado por completo por Lotus. Con un nuevo cigüeñal de acero forjado de mayor recorrido y pistones de forja-aleación Mahle, se convirtió en un motor de 3,6 litros con una relación de compresión más baja (8.2/1) para soportar las fuerzas producidas por los dos pequeños turboalimentadores Garret T35. Ambos comparten un único intercooler e incrementan la potencia hasta 377 CV, garantizando un torque enorme para mover el Omega, que es un coche relativamente pesado.

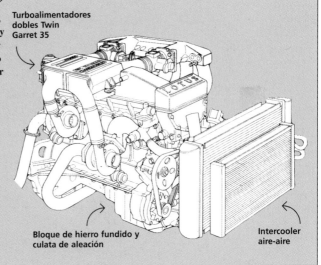

Turboalimentadores dobles Twin Garret 35

Bloque de hierro fundido y culata de aleación

Intercooler aire-aire

Mataferraris

El Lotus Omega es uno de los mejores coches fabricados por GM en los últimos años. Ofrece unas prestaciones funcionales simplemente increíbles, a pesar de ser un coche de cinco plazas con maletero espacioso. Se construyeron en total 510 Lotus Omega con el volante a la izquierda; el resto fueron Carlton con el volante a la derecha.

Todos los coches se ensamblaron en Reino Unido, aunque en su mayoría eran Lotus Omega.

Lotus OMEGA/CARLTON

El Lotus Omega/Carlton parece, a simple vista, un coche de gran performance, pero en realidad es un monstruo de 377 CV con doble turbo, capaz de transportar cinco personas en condiciones de máximo confort.

Doble turbo

Aunque el straight-six podría haber estado alimentado por un único turboalimentador, Lotus optó por instalar dos unidades Garret 325 más pequeñas, porque los rotores más pequeños giran a más velocidad y, por tanto, el efecto turbo se nota mucho antes.

Suspensión Lotus

Aunque la suspensión delantera de tirantes MacPherson es casi stock, salvo por las opciones de inclinación de las ruedas motrices, la suspensión trasera tiene enlaces extra y ballestas de coeficiente progresivo.

Ruedas más grandes

Las grandes ruedas Ronal, de forja-aleación de cinco radios y 43,18 cm de diámetro, son estándar en el Lotus Omega. La delanteras miden 21,50 cm de diámetro y las traseras, 24,13 cm.

Interior tapizado en piel

El interior está tapizado en piel y tiene asientos delanteros y traseros muy confortables.

Alerón trasero

A 274 km/h, la fuerza descendente llega a ser sumamente importante, por lo que se suelen incorporar enormes alerones traseros a los coches capaces de alcanzar tales velocidades. El Lotus Omega, no obstante, es una excepción a esta regla.

Rocker panels extendidos

Para mejorar la estabilidad a velocidades superiores a 274 km/h, el Omega, cuenta con rocker panels extendidos, desarrollados expresamente por Lotus, para impedir que se introduzca demasiado aire por debajo del coche.

Enormes neumáticos

Las ruedas, más grandes, están calzadas con neumáticos de perfil ultrabajo 235/45 y 265/40 ZR17.

Características

1990: Lotus Omega

MOTOR
Tipo: Seis en línea.
Construcción: Bloque de hierro fundido y culata de aleación.
Distribución: Cuatro válvulas por cilindro accionadas por dos árboles de levas en cabeza.
Diámetro y recorrido: 9,49 x 8,50 cm.
Cilindrada: 3.615 cc.
Índice de compresión: 8,2/1.
Sistema de inducción: Inyección electrónica de combustible con dos turboalimentadores Garret T25 y un único intercooler.
Potencia máxima: 377 CV a 5.200 rpm.
Par máximo: 64,29 kilográmetros a 4.200 rpm.

TRANSMISIÓN
ZF manual, de seis velocidades.

CARROCERÍA/TIPO DE CHASIS
Construcción unitaria con carrocería de cuatro puertas.

CARACTERÍSTICAS ESPECIALES

La palabra «Lotus», estampada en la cubierta de las levas, indica ya algo especial.

Las enormes toberas del derivabrisas delantero insuflan aire fresco en el intercooler.

BASTIDOR
Dirección: De recirculación de bolas.
Suspensión delantera: Tirantes MacPherson, con barra estabilizadora.
Suspensión trasera: Multilink con resortes helicoidales progresivos y amortiguadores telescópicos
Frenos: De disco ventilados de 33,02 cm de diámetro (delanteros) y macizos de 29,97 cm de diámetro (traseros).
Ruedas: Ronal de forja-aleación de 21,54 x 43,18 cm (delanteras) y 24,13 x 43,18 cm (traseras).
Neumáticos: 235/45 ZR17 (delanteros); 265/40 ZR17 (traseros).

DIMENSIONES
Longitud: 4,77 m.
Anchura: 1,93 m.
Altura: 1,45 m.
Batalla: 2,73 m.
Vía: 1,45 m (delantero); 1,47 m (trasero).
Peso: 1.651 kg.

Maserati 3500GT

Teniendo ya sobre sus espaldas coches deportivos y de carreras tan famosos como el campeón mundial 250F, el primer GT de producción no limitada fue un éxito impresionante. En sólo siete años se vendieron más de 2.000 ejemplares.

Una aceleración espectacular

«Por su pesado embrague y su motor high-strung de seis cilindros en línea se diría que es uno de esos coches italianos "de puro músculo", pero el 3500GT es mucho más refinado que todo eso. Con su cambio de marchas deliciosamente suave y preciso, y un motor que marcha con elegante suavidad incluso a muchas revoluciones por minuto, merece ser conducido sutilmente. Con su peso y su dirección de bajos engranajes, resultaría indigno. Lo mejor es acomodarse en el asiento y disfrutar de su espectacular aceleración en línea recta.»

Sobre su salpicadero, pintado, destacan el gran volante y un buen surtido de indicadores.

Hitos

1957: Maserati sustituye su deportivo A6, de producción limitada, por un modelo que pretende convertir en un coche de serie de producción masiva.

1958: el 3500GT se convierte en un gran éxito comercial, que los compradores adquieren en versión tanto coupé como descapotable.

El Sebring llevaba el mismo motor de seis cilindros en línea que los 3500GT.

1959: Las ventas siguen incrementándose, con más de 200 ejemplares vendidos, en parte gracias a la introducción de un sistema del frenado de disco Girling.

El Maserati México, que llegará después, utiliza un motor V8 quad-cam.

1961: El clásico sistema de varios carburadores Weber es sustituido por un sistema de inyección de combustible Lucas.

1984: Después de haber construido 2.227 unidades, cesa la producción.

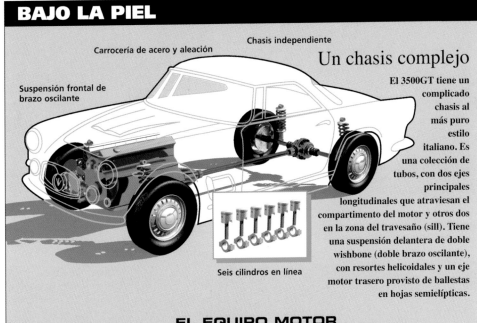

Chasis independiente
Carrocería de acero y aleación
Suspensión frontal de brazo oscilante
Seis cilindros en línea

Un chasis complejo

El 3500GT tiene un complicado chasis al más puro estilo italiano. Es una colección de tubos, con dos ejes principales longitudinales que atraviesan el compartimento del motor y otros dos en la zona del travesaño (sill). Tiene una suspensión delantera de doble wishbone (doble brazo oscilante), con resortes helicoidales y un eje motor trasero provisto de ballestas en hojas semielípticas.

EL EQUIPO MOTOR

Maserati twin-cam

El clásico diseño italiano twin-cam (con doble árbol de levas) para coches de altas prestaciones dio como resultado un bloque y una culata de aleación, con los pistones provistos de una versión fascinante de los forros interiores húmedos de hierro fundido. Los forros secos, fijados a presión en el bloque, están rodeados de agua en sus 5 cm superiores. Se proyectan hacia fuera más allá del nivel de las culatas, con anillos estancos para cerrar el paso al refrigerante y hacer innecesario el gasket (obturador de la culata). El diámetro de los cilindros permite incorporar dos bujías por cilindro, disparados por un doble resorte.

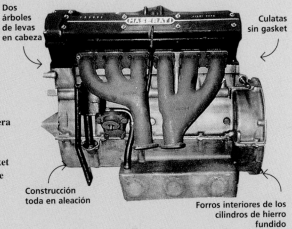

Dos árboles de levas en cabeza

Culatas sin gasket

Construcción toda en aleación

Forros interiores de los cilindros de hierro fundido

El Super Sebring

Cuando Vignale cambió la carrocería del 3500GT en 1963, el coche empezó a ser conocido como «el Sebring». Era el mejor de su gama, gracias a mejoras como los frenos de disco en las cuatro ruedas, una transmisión de cinco velocidades y más potencia de una gama de motores de hasta cuatro litros.

El Sebring, al principio, no era más que un 3500GTi exteriormente rediseñado, pero después empezó a utilizar motores más potentes.

Maserati 3500GT

La línea de las carrocerías artesanales de Touring o de Vignale prometía ya una gran performance. Y en este caso las apariencias no engañaron, porque su soberbio motor twin-cam, de seis cilindros en línea y 3,5 litros, producía 230 CV y llevaba al coche a casi 209 km/h.

Motor twin-cam

Aunque a veces se ha dicho que está inspirado en el del 250F de Fórmula 1, el motor del 3500GT es distinto en muchos sentidos. Los 250 llevan motores short-stroke (de carrera corta) de 2,5 litros y seis cilindros en línea, con árboles de levas accionados por engranajes y una relación de compresión muy elevada.

Chasis independiente

Maserati utilizó la misma base de sus anteriores deportivos, pero con un nuevo chasis rediseñado y construido en acero tubular. No era tan complejo como el famoso bird cage («jaula de pájaro») de carreras, pero sí bastante más que un simple chasis en escalera o una estructura perimetral.

Transmisión ZF

El 3500GT, en sus inicios, tuvo una transmisión manual ZF de cuatro velocidades, aunque las unidades posteriores disfrutaron de una transmisión manual de cinco y una transmisión automática de tres velocidades Borg-Warner opcional.

Eje motor trasero

Maserati eligió el diseño más sencillo posible para la suspensión trasera: un eje motor sobre ballestas en hoja semielípticas muy largas. Para evitar la torsión (windup) del eje, se instalaron un único brazo torque reaction y una barra estabilizadora.

Suspensión wishbone

Era evidente que la suspensión delantera tenía que ser de doble brazo oscilante, ajustada a un resorte helicoidal concéntrico y a un amortiguador telescópico ubicado entre los dos brazos oscilantes (wishbones).

Carrocería de acero y aleación

Las carrocerías de los 3500GT fueron fabricadas, con pocas excepciones, por los famosos constructores de asientos Touring, de Milán, o Vignale, por una parte porque su estilo era el adecuado y, por otra, porque Maserati no tenía la posibilidad de construir ella misma las propias carrocerías, que eran de aleación y aluminio.

Características
1961: Maserati 3500GT

MOTOR
Tipo: Seis cilindros en línea.
Construcción: Bloque y culata de aleación.
Distribución: Dos válvulas por cilindro accionadas por dos árboles de levas en cabeza.
Diámetro y recorrido: 8,61 x 10 cm.
Cilindrada: 3.485 cc.
Índice de compresión: 8,2/1.
Sistema de inducción: Inyección mecánica de combustible Lucas.
Potencia máxima: 230 CV a 5.500 rpm.
Par máximo: 36,61 kilográmetros a 4.500 rpm.

TRANSMISIÓN
ZF manual, de cuatro velocidades.

CARROCERÍA/TIPO DE CHASIS
Chasis fabricado independiente de acero tubular, con carrocería de coupé de acero y aleación fabricada por Touring, de Milán.

CARACTERÍSTICAS ESPECIALES

El 3500GT podía adquirirse con estas ruedas de acero perforado o con neumáticos center-lock Borrani.

Los respiraderos cromados de los guardabarros delanteros expulsan aire caliente del compartimento del motor.

BASTIDOR
Dirección: De recirculación de bolas.
Suspensión delantera: Doble wishbone, con resortes helicoidales, amortiguadores telescópicos y barra estabilizadora.
Suspensión trasera: Eje motor con ballestas en hoja semielípticas, torque arm, amortiguadores telescópicos y barra estabilizadora.
Frenos: De disco Girling (delanteros) y de tambor (traseros) ventilados de 33,02 cm.
Ruedas: De acero de 15,24 x 40,64 cm.
Neumáticos: 6,7-16.

DIMENSIONES
Longitud: 4,70 m.
Anchura: 1,62 m.
Altura: 1,30 m.
Batalla: 2,59 m.
Vía: 1,39 m (delantero); 1,36 m (trasero).
Peso: 1.442 kg.

Maserati **BORA**

El Bora representó la entrada de Maserati en el mundo moderno a principios de los años setenta. Era el primer supercoche con motor central de la compañía y fue diseñado para competir con los exóticos rivales de motor central fabricados por Ferrari y Lamborghini.

Un performer con V8 central

«El Bora es casi más un coche "de músculo" italiano que propiamente un supercoche. Tiene mucho en común con el De Tomaso, al llevar un gran motor V8 nuevo en vez de uno de 12 cilindros y altas revoluciones. Su motor V8 tiene mucho torque y lleva al Bora a 161 km/h en sólo 15 segundos. Se conduce cómodamente a altas velocidades y también a velocidad de crucero, pero sus muelles son muy duros y a veces resulta incómodo viajar en él, aunque responde muy bien a la dirección. Hay que ser un conductor muy osado para conducir un Bora.»

El habitáculo del Bora es confortable pero, lamentablemente, sus indicadores resultan difíciles de leer.

Hitos

1968: Citroën se convierte en el principal accionista de Maserati y aporta a la empresa suficiente poder financiero para plantearse la creación de modelos nuevos y excitantes. Maserati acepta construir dos coches con motor central: el V6 Merak y el V8 Bora.

1971: El Bora debuta mundialmente en el Salón del Automóvil de Ginebra, en el mes de marzo, y empieza a fabricarse en serie poco tiempo después.

El motor V8 de 4,7 litros del Maserati es el mismo que utiliza este bellísimo Ghibli.

1974: Después de llevar mucho tiempo vendiéndose en Europa, el Bora se adapta finalmente al mercado norteamericano. Su motor V8 de 4,9 litros cumple las más estrictas exigencias relativas a los gases y a la seguridad.

El Merak, más pequeño que el Bora, tiene un motor de seis válvulas.

1980: En este año el Bora deja de fabricarse.

Viejo y nuevo

El chasis combina una construcción monocasco e independiente de tipo carrocería-sobre-chasis. Las secciones centrales y delanteras son de tipo monocasco de acero plegado, pero la parte trasera es una estructura de acero tubular que incorpora el motor (colocado longitudinalmente en posición central), la transmisión y la suspensión. Toda la parte trasera puede separarse del resto para el mantenimiento.

Carrocería de acero

Suspensión trasera independiente

Motor central

Ocho cilindros de aluminio

EL EQUIPO MOTOR

Dos válvulas por cilindro

Dos árboles de levas por cada banco de cilindros

Cigüeñal de cinco cojinetes

Bloque y culata de aluminio

Diseño probado

El V8 de 4,7 litros fue diseñado a finales de los cincuenta. En el Bora, que lleva cuatro árboles de levas en cabeza, tiene el bloque y la culata de aluminio y cámaras de combustión hemisféricas. A pesar de su formato quad-cam (con cuatro árboles de levas) y sus dimensiones oversquare, no es un motor de altas revoluciones para los estándares europeos, ya que fue diseñado pensando en el torque a bajas revoluciones, como los típicos motores V8 norteamericanos.

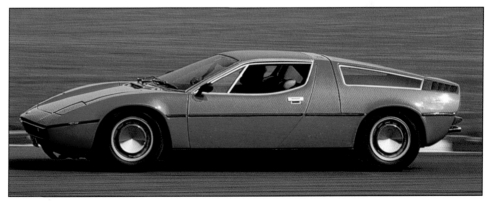

Un motor más grande

En 1974, los Boras destinados a América incorporaron una versión mayor de 4,9 litros. Este motor de más tamaño era necesario para incorporarse a este mercado. A partir de 1976, pudo adquirirse con acabados europeos. Produce 10 CV adicionales y, naturalmente, un mayor rendimiento funcional.

Aunque estuvo en producción durante mucho tiempo, sólo llegaron a fabricarse 570 unidades.

Maserati BORA

El Bora, que en italiano significa «fuerte viento», tiene una línea sumamente aerodinámica y corta literalmente el aire a velocidades de hasta 257 km/h gracias a su motor V8 quad-cam de 310 CV.

Motor V8

El motor V8 del Bora es tan grande como los típicos V8 americanos de la época, pero está hecho de aleación y no de hierro fundido y tiene cuatro árboles de levas en cabeza. Es una forma más complicada, aunque también más excitante, de producir 310 CV con un motor de 4,7 litros.

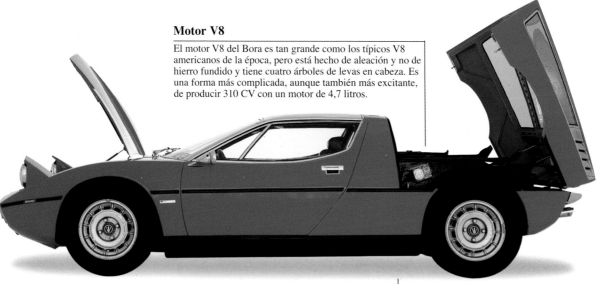

Subestructura trasera

En la parte trasera se utiliza una estructura de tubo cuadrado soldada para soportar el motor, la transmisión y la suspensión trasera.

Primeras carrocerías de aleación

Los primeros Boras tuvieron carrocerías de aleación fabricadas a mano, una tarea que Maserati dominaba muy bien. Sin embargo, los Boras de producción en serie llevaban carrocerías de acero.

Transmisión colocada tras el motor

Los fabricantes alemanes ZF proporcionaron la transmisión, que está montada detrás del motor, hacia el extremo posterior del coche. Esta colocación exige una transmisión por bielas más larga y complicada.

Discos ventilados

Tanto los frenos delanteros como los traseros son de disco, como es habitual en los supercoches italianos de los setenta. Además, son discos ventilados para facilitar la refrigeración e impedir la pérdida de eficacia en el frenado.

Líneas aerodinámicas

...unque el Bora jamás pasó por nada parecido a un túnel de viento, el diseñador Giorgetto Giugiaro consiguió un coeficiente aerodinámico del sólo 0,30.

Radiador frontal

A diferencia de los coches de motor central que llegaron después, el Bora tiene un radiador delantero con ventiladores eléctricos.

Características

1973: Maserati Bora

MOTOR
Tipo: V8.
Construcción: Bloque y culata de aleación ligera.
Distribución: Dos válvulas inclinadas por cilindro, accionadas por cuatro árboles de levas en cabeza por medio de empujadores de pistón.
Diámetro y recorrido: 9,37 x 8,50 cm.
Cilindrada: 4.719 cc.
Índice de compresión: 8,5/1.
Sistema de inducción: Cuatro carburadores de tiro invertido Weber DCNF/14.
Potencia máxima: 310 CV a 6.000 rpm.
Par máximo: 52,86 kilográmetros a 4.200 rpm.

TRANSMISIÓN
ZF manual, de cinco velocidades.

CARROCERÍA/TIPO DE CHASIS
Construcción unitaria de acero en las secciones delanteras, con estructura tubular cuadrada en la trasera; carrocería de coupé de dos puertas de acero.

CARACTERÍSTICAS ESPECIALES

La cola recta y plana del coche, conocida también como «Kamm tail», era un rasgo muy popular en los supercoches de los setenta.

El Bora fue uno de los primeros coches diseñados por Giorgetto Giugaro.

BASTIDOR
Dirección: De piñón y cremallera.
Suspensión delantera: Doble wishbone, con resortes helicoidales, amortiguadores telescópicos y barra estabilizadora.
Suspensión trasera: Doble wishbone con resortes helicoidales, amortiguadores telescópicos y barra estabilizadora.
Frenos: Discos ventilados (delanteros y traseros) con sistemas hidráulicos de altas presión Citroën.
Ruedas: De aleación de 19,05 x 38,10 cm.
Neumáticos: Michelín 215/70 VR15.

DIMENSIONES
Longitud: 4,33 m.
Anchura: 1,73 m.
Altura: 1,13 m.
Batalla: 2,59 m.
Vía: 1,47 m (delantero); 1,45 m (trasero).
Peso: 1.619 kg.

Maserati KHAMSIN

El khamsin es un viento cálido y veloz cuyo nombre se eligió para este supercoche destinado a alcanzar la velocidad sugerida por su nombre. Para muchos, fue el último gran coupé de Maserati antes de que la empresa fuera absorbida por De Tomaso.

Una dirección rápida como el rayo

«El Khamsin intimida un poco la primera vez que se conduce. Da la sensación de ser muy voluminoso y sus peculiares sistemas hidráulicos funcionan como sólo podrían hacerlo los de un Citroën. Lo que realmente se disfruta de este coche es el motor, con su gloriosa banda sonora. Considerando que pesa casi dos toneladas, sus prestaciones funcionales son notables. La dirección, rápida como el rayo, ayuda mucho a "convencer" al Khamsin para que gire en las curvas. Es un coche maravillosamente fiable, y viajar en él resulta muy excitante.»

Su salpicadero atiborrado de mandos es el típico de los supercoches italianos, y está muy bien diseñado.

Hitos

1973: Los asistentes al Salón del Automóvil de París son invitados por Maserati a admirar un GT que es el mejor de su clase: el Khamsin.

El V8 Indy fue el primer coche de construcción unitaria jamás fabricado por Maserati.

1974: Junto con el Merak

Coupé, el Khamsin se convierte en el gran protagonista de la gama Maserati cuando su predecesor, el Indy, deja de fabricarse. El Khamsin cumple bien su papel de sucesor, haciéndose enseguida muy popular.

1975: Citroën, accionista

principal, manda a Maserati a la quiebra, pero la marca es rescatada por De Tomaso.

El Merak se vendió al mismo tiempo que el Khamsin durante toda la década de los setenta.

1982: La demanda

constante mantiene el Khamsin en producción durante nueve años, no obstante, Maserati entra en la era del doble turbo y se requiere un cambio de dirección. La consecuencia de esto es que el gran GT se desecha.

BAJO LA PIEL

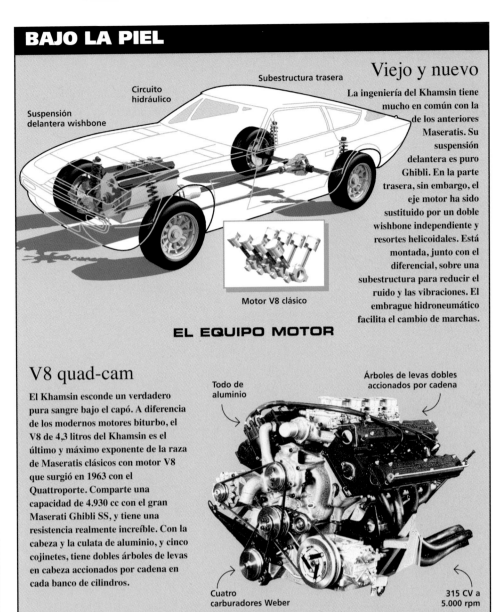

Circuito hidráulico

Suspensión delantera wishbone

Subestructura trasera

Motor V8 clásico

Viejo y nuevo

La ingeniería del Khamsin tiene mucho en común con la de los anteriores Maseratis. Su suspensión delantera es puro Ghibli. En la parte trasera, sin embargo, el eje motor ha sido sustituido por un doble wishbone independiente y resortes helicoidales. Está montada, junto con el diferencial, sobre una subestructura para reducir el ruido y las vibraciones. El embrague hidroneumático facilita el cambio de marchas.

EL EQUIPO MOTOR

V8 quad-cam

El Khamsin esconde un verdadero pura sangre bajo el capó. A diferencia de los modernos motores biturbo, el V8 de 4,3 litros del Khamsin es el último y máximo exponente de la raza de Maseratis clásicos con motor V8 que surgió en 1963 con el Quattroporte. Comparte una capacidad de 4.930 cc con el gran Maserati Ghibli SS, y tiene una resistencia realmente increíble. Con la cabeza y la culata de aluminio, y cinco cojinetes, tiene dobles árboles de levas en cabeza accionados por cadena en cada banco de cilindros.

Todo de aluminio

Árboles de levas dobles accionados por cadena

Cuatro carburadores Weber

315 CV a 5.000 rpm

Pura sangre

Es verdad que el Khamsin no está ni remotamente a la altura del primigenio Ghibli de los sesenta, al menos si hablamos de Maseratis clásicos, pero, sin duda, tiene una ventaja: comparado con los primeros Maserati, el Khamsin se puede adquirir a precio de saldo, aun teniendo las mismas prestaciones que el Ghibli.

Tiene las formas de un Maserati clásico, pero su precio no es tan astronómico como tal vez se mereciera.

Maserati KHAMSIN

El Khamsin fue concebido cuando Citroën tomó las riendas de Maserati y la influencia de la firma francesa se deja ver en sus innumerables circuitos hidráulicos. Puede que sea un coche complicado, pero también es uno de los Maseratis más carismáticos que se hayan fabricado jamás.

Faros pop-up

Incluso los faros pop-up suben y bajan mediante el mismo sistema hidráulico que acciona los frenos, la dirección y el embrague. El asiento del conductor también se ajusta mediante el mismo circuito.

Dirección autocentrada

La dirección, de piñón y cremallera, está asistida por un sistema hidráulico para proporcionar una sensación de máxima sensibilidad al volante. Un rasgo característico es el sistema de dirección autocentrada, que se incrementa con la velocidad.

Suspensión totalmente independiente

El Khamsin fue el primer Maserati con motor delantero que, abandonando el eje motor trasero, adoptó una suspensión totalmente independiente a lo largo de todo el chasis. Utiliza wishbones superiores e inferiores, con dos juegos de resortes en cada lado, todos ellos montados en una subestructura independiente.

Interior 2+2

Los pequeños asientos traseros son extremadamente estrechos; tanto, que resultan prácticamente inútiles, salvo si se viaja con niños pequeños. No obstante, por detrás se abre un espacioso maletero que da cabida a una gran cantidad de equipaje.

Refrigeración asimétrica

En el capó hay tres rejillas destinadas a enfriar el motor. La principal está colocada de forma asimétrica para dar personalidad y estilo propio a este coche.

Sistemas hidráulicos Citroën

Gran parte del carácter del Khamsin se debe a su sistema hidráulico Citroën. Éste consiste en bombas independientes que mantienen un circuito óleo-neumático cargado a alta presión y proporcionan la fuerza necesaria para accionar de forma asistida todos los mandos, incluyendo la dirección, los frenos y el embrague.

Características

1975: Maserati Khamsin

MOTOR
Tipo: V8.
Construcción: Bloque y culata de aluminio.
Distribución: Dos válvulas inclinadas por cilindro, operadas por árboles de levas dobles en cabeza accionados por cadena.
Diámetro y recorrido: 9,39 x 9,89 cm.
Cilindrada: 4.930 cc.
Índice de compresión: 8/1.
Sistema de inducción: Cuatro carburadores Weber.
Potencia máxima: 315 CV a 5.000 rpm.
Par máximo: 56,4 kilográmetros a 4.000 rpm.

TRANSMISIÓN
Manual, de cinco velocidades, o automática de tres velocidades.

CARROCERÍA/TIPO DE CHASIS
Chasis unitario monocasco con carrocería de coupé de dos puertas de acero.

CARACTERÍSTICAS ESPECIALES

Los faros gemelos pop-up están accionados por el sistema hidráulico de Citroën.

La puerta del maletero y la tapa del depósito de combustible se abren accionando palancas instaladas en la puerta.

BASTIDOR
Dirección: De piñón y cremallera.
Suspensión delantera: Wishbones de longitud desigual, con resortes helicoidales, amortiguadores y barra estabilizadora.
Suspensión trasera: Wishbones de longitud desigual con dobles resortes helicoidales, amortiguadores y barra estabilizadora.
Frenos: De discos (delanteros y traseros).
Ruedas: De aleación de 38,10 cm de diámetro.
Neumáticos: 215/70 VR15.

DIMENSIONES
Longitud: 4,57 m.
Anchura: 1,80 m.
Altura: 1,19 m.
Batalla: 2,55 m.
Vía: 1,44 m (delantero); 1,47 m (trasero).
Peso: 1.694 kg.

Maserati **MERAK**

En respuesta al gran éxito obtenido por el Dino de Ferrari, Maserati creó el V6 Merak. Era un deportivo inusual, pero extraordinariamente bello y sólido.

Sobreviraje agudo

«El motor que llevas detrás de ti tiene agallas. Puede que no suene tan bien como un motor de Ferrari, pero proporciona buena aceleración. La transmisión permite viajar muy cómodo en velocidad de crucero y proporciona una aceleración bastante buena, de 0 a 97 km/h. Lo más extraño de este coche es la sensación que se experimenta al frenar. Uno tarda un poco en acostumbrarse a eso. La conducción es la típica de los coches con motor central: un subviraje inicial seguido por un agudo sobreviraje que se puede controlar con la potencia. Conducir el Merak al límite es bastante difícil.»

Los asientos, bien acabados, y las demás comodidades hacen del habitáculo un entorno agradable.

Hitos

1972: Maserati lanza el
Merak, una versión más joven y asequible del supercoche Bora.

El Citroën SM tenía algunas partes en común con el Merak, incluyendo el motor V6 y la transmisión.

1975: Cuando Citroën se
retira de Maserati, Alejandro De Tomaso entra en escena. Se lanza un modelo más potente, el Merak SS, con un motor de 220 CV. Entre otros cambios se incluye la adopción del salpicadero del Bora para todos los Merak.

El Merak está basado en el Bora de motor V8 y tiene su misma estructura interna.

1980: El Merak es
retirado del mercado estadounidense.

1982: Cesa la producción
del Bora, aunque algunos ejemplares disponibles siguen vendiéndose hasta 1983.

Basado en el Bora

La estructura del Merak está heredada del V8 Bora, lo que significa un Chasis unitario de acero con una subestructura trasera y una soberbia suspensión totalmente independiente de wishbones y resortes helicoidales de Ingeniere Alfieri. La influencia de Citroën se nota en los sistemas hidráulicos de embrague y frenado, además de la transmisión, de cinco velocidades, que también utiliza el Citroën SM.

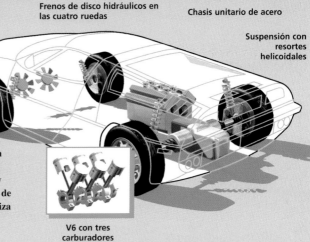

Frenos de disco hidráulicos en las cuatro ruedas

Chasis unitario de acero

Suspensión con resortes helicoidales

V6 con tres carburadores

EL EQUIPO MOTOR

Influencia Citroën

Cuando se concibió el Merak, Maserati pertenecía a Citroën, que se reservó el derecho a elegir el motor: el V6 del SM, que era de hecho un motor Maserati con dos cilindros. Con una cilindrada de 2.965 cc, tres carburadores y dobles árboles de levas en cabeza por cada banco de cilindros, es ciertamente un motor potente que desarrolla 190 CV (182 CV en EE.UU., debido a las estrictas limitaciones impuestas a las emisiones). En 1974, llegó a Europa un motor V6 más potente como parte del Merak SS. Con carburadores más grandes y una mayor relación de compresión (9,0/1), producía unos nada desdeñables 220 CV. En Italia se ofreció un asequible motor V6 de 1.999 cc con 159 CV.

Supercoche SS

La versión SS, más potente y más rara, es la más deseada por los coleccionistas y los amantes de la conducción. Esta versión convierte al pequeño rocket ship en un verdadero supercoche junior, en vez de un simple y rápido deportivo.

El Merak SS de estilo deportivo es una buena adquisición.

Maserati MERAK

Cuando Maserati pertenecía a Citroën, el Merak era una lógica opción comercial. Utilizando el Bora como base y adoptando el motor del Citroën SM pudo crearse un nuevo coche deportivo a un precio asequible.

Tren motor Citroën-Maserati

El motor V6 desarrollado por Maserati para el SM de Citroën fue el utilizado en el Merak, aunque se instaló con una rotación de 90° y se montó longitudinalmente del centro del coche. Todos los Merak tenían la misma transmisión de cinco velocidades que el SM.

Diseño ItalDesign

La carrocería del Merak está basada en la del Bora, que había sido diseñada por ItalDesign, de Giugiaro. Maserati pidió a Giugiaro que introdujese algunos cambios en el Merak, como una cubierta trasera plana para el motor, arbotantes traseros, luna trasera vertical y pequeños paragolpes empotrados en la parte delantera.

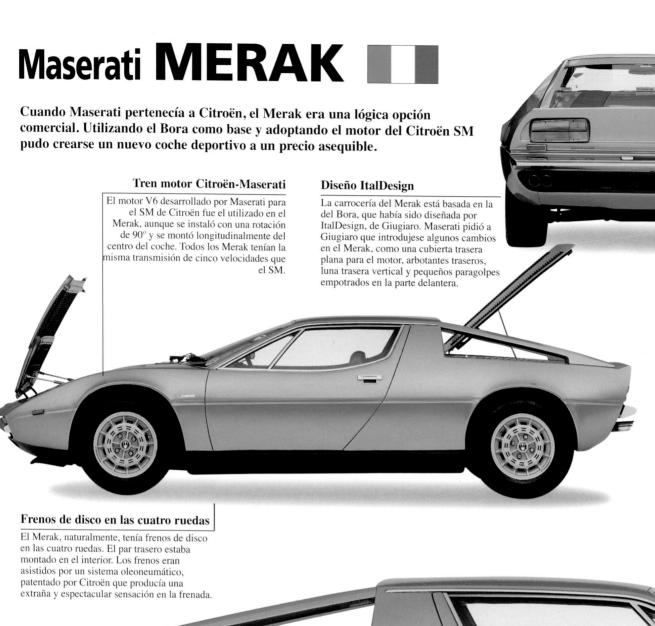

Frenos de disco en las cuatro ruedas

El Merak, naturalmente, tenía frenos de disco en las cuatro ruedas. El par trasero estaba montado en el interior. Los frenos eran asistidos por un sistema oleoneumático, patentado por Citroën que producía una extraña y espectacular sensación en la frenada.

Faros delanteros ocultos

El Merak tiene, como el Bora, faros delanteros pop-up. Este tipo de faros permitía que el morro del coche conservase un perfil bajo, a la vez que respetaba la altura mínima exigida para las luces de conducción en EE.UU.

Cuatro plazas

El Merak está clasificado oficialmente como un vehículo 2+2 a diferencia del Bora, que es estrictamente biplaza. Sin embargo, el motor central restringe el espacio disponible para los pasajeros, lo que significa que los asientos traseros son extraordinariamente estrechos, incluso para los niños.

Hidráulica Citroën

El Merak fue diseñado en torno a determinados componentes hidráulicos de Citroën que incuían el embrague y los frenos. El resultado era una experiencia de conducción verdaderamente inusual, comparada con la de otros exóticos coches italianos de los setenta.

Características

1977: Maserati Merak SS

MOTOR
Tipo: V6.
Construcción: Bloque y culata de aluminio.
Distribución: Dos válvulas por cilindro, operadas por árboles de levas dobles en cabeza accionados por cadena.
Diámetro y recorrido: 9,66 x 7,49 cm.
Cilindrada: 2.965 cc.
Índice de compresión: 8,5/1.
Sistema de inducción: Tres carburadores Weber 44DNCF.
Potencia máxima: 182 CV a 6.000 rpm.
Par máximo: 32,59 kilográmetros a 4.000 rpm.

TRANSMISIÓN
Manual, de cinco velocidades.

CARROCERÍA/TIPO DE CHASIS
Monocasco unitario, con carrocería de coupé de dos puertas de acero.

CARACTERÍSTICAS ESPECIALES

Como el morro del coche era bajo, fue necesario instalar faros pop-up para alcanzar la altura mínima exigida.

El diseño de las ventanillas, largo y en ángulo, es un atractivo del Merak.

BASTIDOR
Dirección: De piñón y cremallera.
Suspensión delantera: Dobles wishbones, con resortes helicoidales, amortiguadores y barra estabilizadora.
Suspensión trasera: Dobles wishbones, con resortes helicoidales, amortiguadores y barra estabilizadora.
Frenos: De discos (delanteros y traseros).
Ruedas: De aleación de 38,10 cm de diámetro.
Neumáticos: 205/70 VR70 (delanteros) y 215/70 (traseros).

DIMENSIONES
Longitud: 4,57 m.
Anchura: 1,77 m.
Altura: 1,13 m.
Batalla: 2,60 m.
Vía: 1,47 m (delantero); 1,44 m (trasero).
Peso: 1.445 kg.

Maserati MÉXICO

El México es tan raro que casi podría considerarse el miembro olvidado de la familia Maserati. Su nombre es un homenaje a una de las escasas victorias del Maserati Cooper. Es más un generoso 2+2 que un deportivo, aunque lleve un motor V8 con casi 300 CV.

Muy tratable

«El V8 suena bien y es perfectamente tratable y cómodo de manejar, tanto a bajas velocidades como rugiendo a todo motor con el acelerador pisado a fondo. Tiene una aceleración salvaje para un coche tan pesado y es fácil cambiar de marchas con su transmisión ZF, muy directa, de cinco velocidades. Responde lo bastante rápido a la dirección como para poder controlar la parte trasera, que tiende a patinar cuando se sale de una curva con mucha aceleración o se levanta el pie del acelerador con brusquedad. Es un coche muy cómodo para viajar.»

Los acabados en madera del habitáculo del México transmiten una sensación de clase y de línea deportiva típica de los Maserati.

Hitos

1965: Maserati presenta

un prototipo de una versión de dos puertas y cuatro plazas del Quattroporte con una elegante carrocería Vignale.

El México está basado en el modelo más grande de cuatro puertas Quattroporte.

1966: Se inicia la

producción en serie. La compañía celebra la victoria de John Surtees, en el Gran Premio de México, con un Maserati con el mismo nombre que el país. Los primeros coches que se fabricaron llevaban motores V8 de 4,7 litros.

El Ghibli utilizaba el mismo motor de 4,7 litros.

1967: Se pone en venta un

México con un motor V8 más pequeño, de 4,2 litros y 290 CV.

1971: Maserati exhibe el

México en el Salón del Automóvil de Ginebra y en el de París, aunque prácticamente ha dejado ya de fabricarse, dando a entender que los ejemplares no vendidos están todavía disponibles. Cuando se vendieron todas las unidades, en total la producción ascendía a 250.

BAJO LA PIEL

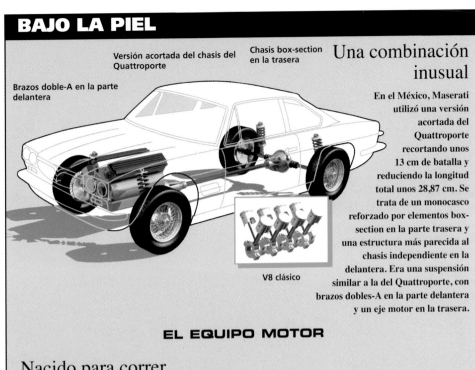

Versión acortada del chasis del Quattroporte

Chasis box-section en la trasera

Brazos doble-A en la parte delantera

V8 clásico

Una combinación inusual

En el México, Maserati utilizó una versión acortada del Quattroporte recortando unos 13 cm de batalla y reduciendo la longitud total unos 28,87 cm. Se trata de un monocasco reforzado por elementos box-section en la parte trasera y una estructura más parecida al chasis independiente en la delantera. Era una suspensión similar a la del Quattroporte, con brazos dobles-A en la parte delantera y un eje motor en la trasera.

EL EQUIPO MOTOR

Nacido para correr

El gran V8 de Maserati fue desarrollado a partir del motor de los coches de carreras de la firma de los cincuenta, como demuestran claramente sus especificaciones. El bloque y las culatas son de aleación, y los pistones llevan camisas húmedas de hierro fundido y están coronados por dos culatas de aleación. Éstas están unidas a árboles de levas dobles accionados por cadena que abren dos grandes válvulas inclinadas por cilindro en cámaras de combustión hemisféricas, con grandes empujadores de pistones. Al principio, sólo estaba disponible un motor de 4,7 litros, pero a partir de 1968 se ofreció como opción un motor V8, más pequeño, de 4,2 litros.

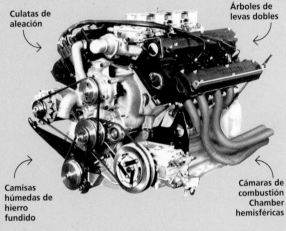

Culatas de aleación

Árboles de levas dobles

Camisas húmedas de hierro fundido

Cámaras de combustión Chamber hemisféricas

Su hermano menor

Existió un modelo más asequible, con motor V8 de 4,2 litros y 260 CV creado para tratar de agilizar las ventas. Aunque era un coche extremadamente pesado, también era veloz y muy deportivo; Maserati aseguraba que su velocidad máxima era, aproximadamente, de casi 290 km/h.

A pesar de su reducida potencia, el Mexico de 4,2 litros es un coche muy divertido de conducir.

Maserati **MÉXICO**

La carrocería del México, diseñada por Vignale, es tal vez excesivamente alargada. Resulta más bonita si se mira desde los tres cuartos delanteros. Vista así, irradia elegancia y estilo.

Chasis de Quattroporte

El México está basado en el chasis del Quattroporte. Utiliza una combinación de chapa metálica y box-section reforzada en la parte trasera y un chasis tradicional al estilo italiano en la parte delantera, para soportar el motor y la suspensión delantera.

Motor V8

El V8 quad-cam de Maserati es un motor magnífico, ya sea en la versión de 4,2 o de 4,7 litros, y también suficientemente ligero, para permitir que el México tenga una distribución del peso equilibrada. Además, es un motor muy fuerte, potente y fiable, que los coches de calle de Maserati utilizaron desde principios de la década de los sesenta hasta bien entrada la de los ochenta.

Ruedas Borrani

Los México solían estar equipados con elegantes y carísimas ruedas Borrani, con radios de alambre y spinners de paro e inicio del giro automático quick release. Con sus 17,78 x 38,10 cm; se consideraban ruedas grandes en esa época. Una opción de fábrica eran las ruedas de aleación.

Transmisión automática opcional

Como se trata de un grand tourer, Maserati ofrecía una transmisión automática opcional de tres velocidades. Como la transmisión manual, de cinco velocidades ZF, venía de fuera (en este caso, la fabricaba Borg-Warner), la toma directa tenía una relación de 1/1.

Suspensión delantera wishbone

El México llevaba en la parte delantera la suspensión clásica de los coches de altas prestaciones funcionales, con brazos doble-A, resortes helicoidales y amortiguadores telescópicos, así como una gran barra estabilizadora.

Eje motor trasero

Aunque Maserati había fabricado un eje De Dion para el Quattroporte, en la época en que el México apareció estaba usando un eje motor más convencional, suspendido sobre ballestas en hoja semielípticas.

Características

1968: Maserati México

MOTOR
Tipo: V8.
Construcción: Bloque y culata de aleación, con forros interiores húmedos de hierro fundido.
Distribución: Dos válvulas por cilindro, operadas por dobles árboles de levas dobles en cabeza, accionados por cadena por cada banco de cilindros.
Diámetro y recorrido: 9,39 x 8,50 cm.
Cilindrada: 4.719 cc.
Índice de compresión: 8,5/1.
Sistema de inducción: Cuatro carburadores de tiro hacia abajo Weber 42 DNCF.
Potencia máxima: 290 CV a 5.000 rpm.
Par máximo: 54,66 kilográmetros a 3.800 rpm.

TRANSMISIÓN
Manual, de cinco velocidades.

CARROCERÍA/TIPO DE CHASIS
Chasis de acero tubular, con carrocería de acero de 2+2 de dos puertas Vignale.

CARACTERÍSTICAS ESPECIALES

El emblema del tridente que adorna la parrilla del México lo llevan todos los Maseratis.

Un pequeño detalle del diseño que denota gran estilo: los manillares enrasados de las puertas.

BASTIDOR
Dirección: De recirculación de bolas.
Suspensión delantera: Brazos doble-A con resortes helicoidales, amortiguadores telescópicos y barra estabilizadora.
Suspensión trasera: Eje motor con brazos de arrastre, barra Panhard, ballestas en hoja semielípticas y amortiguadores telescópicos.
Frenos: De disco ventilados de 29,21 cm de diámetro (delanteros) y 31,75 cm de diámetro (traseros).
Ruedas: De alambre Borrani de 17,78 x 38,10 cm.
Neumáticos: 205 x 15.

DIMENSIONES
Longitud: 4,76 m.
Anchura: 1,78 m.
Altura: 1,35 m.
Batalla: 2,64 m.
Vía: 1,39 m (delantero); 1,36 m (trasero).
Peso: 1.500 kg.

Maserati **MISTRAL**

A principios de los sesenta, aunque Ferrari le hacía sombra y le faltaba el carisma de los motores V12 del Maranello, Maserati seguía fabricando verdaderos pura sangre como el Mistral, un coche con mucho estilo.

Mucho carácter

«En carretera, el Mistral tiene poco que envidiar a un Ferrari o a cualquier otro coche. Es un coche práctico, con un rendimiento funcional, un buen chasis y mucho carácter. La inyección exige el uso del estárter para arrancar, por lo que hay que ir con cuidado, pero una vez calientes los seis cilindros, es flexible y nada temperamental. Su transmisión ZF tiene un árbol deliciosamente corto y su dirección es agradablemente suave, aunque algo desmultiplicada. En realidad, el Mistral es más un grand tourer que un deportivo.»

El habitáculo, amplio y luminoso, irradia lujo con su tapicería de piel y su enmoquetado de lana.

Hitos

1963: Maserati presenta de forma anticipada el Mistral en el Salón del Automóvil de Turín, sólo quince años después de haber introducido el primer Maserati «de serie».

Los últimos Bora adoptaron un motor V8 central.

1964: El Mistral pisa el suelo de las exposiciones, tanto en forma de coupé como de convertible. En el primer año de fabricación, Maserati vende 99 coupés y 17 convertibles Spyder, que habían sido lanzados en el Salón del Automóvil de Ginebra.

El grand tourer 428 de AC también fue diseñado por Frua.

1966: La capacidad del motor se incrementa de 3,7 a 4 litros. Produce 255 CV y ofrece una flexibilidad todavía más impresionante.

1970: Se venden los últimos tres Mistrales. El modelo es reemplazado por los modelos México y Ghibli, ambos con motor V8.

BAJO LA PIEL

Eje motor trasero

Construcción unitaria

Frenos de disco en las cuatro ruedas

Seis cilindros de aleación

Acortado

El Mistral, con chasis tubular fabricado, carrocería de aleación-aluminio, suspensión delantera independiente y eje motor trasero, es un Maserati típico de su época. El chasis es una versión acortada del 3500GT y es extremadamente rígido. Del frenado se encargan los discos Girling en las cuatro ruedas.

EL EQUIPO MOTOR

La última versión

La versión más avanzada del motor twin-cam de seis cilindros en línea y largo recorrido, diseñado por Giulio Alfieri, fue la elegida para el Mistral. Es una unidad de aleación, con las camisas de los cilindros de hierro fundido y un cigüeñal totalmente mecanizado con siete cojinetes. Los dobles árboles de levas, en cabeza, estaban accionados por cadena y accionaban dos grandes válvulas en cada cámara de compresión hemisférica. Había dos bujías de encendido por cada cilindro, que se encendían de forma simultánea para maximizar la combustión.

Dos bujías de encendido por cilindro

Árboles de levas dobles en cabeza

Bloque y culata de aleación-aluminio

Cigüeñal con siete cojinetes

Un coche infravalorado

Aunque estuvo en producción durante siete años, sólo salieron de fábrica 1.068 unidades. El Mistral es un coche con estilo, veloz, indulgente y práctico, pero ha sido infravalorado. El modelo más codiciado es el Spyder, del cual se construyeron sólo 120 unidades.

Rápido y con estilo, el Mistral se puede conseguir a un precio relativamente barato.

Maserati MISTRAL

El Mistral marcó el fin de una era en la historia de Maserati: fue el último deportivo con motor de seis cilindros en línea de la compañía. Aunque tenía sólo seis cilindros, ofrecía unas prestaciones funcionales excelentes, sobre todo en su última versión con motor de cuatro litros.

Chasis de acero tubular

En la época en que se introdujo el Mistral, todos los Maserati se construían con chasis independientes de acero tubular. El Mistral lleva una serie de tubos de diámetro relativamente reducido en vez de tubos más grandes y menos numerosos.

Suspensión delantera wishbone

La suspensión delantera es compacta, con resortes helicoidales concéntricos y amortiguadores montados entre los wishbones de longitud desigual.

Diseño Frua

Pietro Frua diseñó el Mistral, y éste resultó ser el mejor de sus diseños. Prácticamente lo recreó para otro fabricante, convirtiéndolo en el AC 428.

Carrocería de aleación-aluminio

Aunque hay quien afirma que el Mistral tenía la carrocería de acero en su mayor parte, aunque con puertas, capó y puerta del maletero de aleación, lo cierto es que todos los paneles de la carrocería son de aluminio.

Frenos de disco

A mediados de los sesenta, prácticamente todos los coches de altas prestaciones europeos utilizaban frenos de disco, y el Mistral no era una excepción. Llevaba discos Girling en las cuatro ruedas.

Eje motor trasero

La parte más tradicional de este coche es su suspensión trasera, que utiliza un eje motor colocado en ballestas en hoja semielípticas y asistido por un único torque arm.

Características

1967: Maserati Mistral

MOTOR
Tipo: De seis cilindros en línea.
Construcción: Bloque y culata de aleación-aluminio.
Distribución: Dos válvulas por cilindro, operadas por dos árboles de levas en cabeza accionados por cadena a través de taqués y shims.
Diámetro y recorrido: 8,78 x 10,99 cm.
Cilindrada: 4.014 cc.
Índice de compresión: 8,8/1.
Sistema de inducción: Inyección mecánica de combustible Lucas.
Potencia máxima: 255 CV a 5.200 rpm.
Par máximo: 52,18 kilográmetros a 3.500 rpm.

TRANSMISIÓN
Manual, de cinco velocidades ZF.

CARROCERÍA/TIPO DE CHASIS
Chasis de acero tubular con carrocería de coupé o convertible de aleación-aluminio

CARACTERÍSTICAS ESPECIALES

Los intermitentes, en forma de lágrima, complementan a los faros principales, que están bajo el parachoques.

La toma de aire de la aleta lateral se acciona de forma mecánica, y deja entrar aire en el coche.

BASTIDOR
Dirección: De recirculación de bolas.
Suspensión delantera: Dobles wishbones, con resortes helicoidales, amortiguadores telescópicos y barra estabilizadora.
Suspensión trasera: Eje motor, con ballestas en hoja semielípticas, amortiguadores telescópicos, un único torque arm y barra estabilizadora.
Frenos: De disco de 30,60 cm de diámetro (delanteros) y 29,21 cm de diámetro (traseros).
  Ruedas: De alambre Borrani de 17,78 x 38,10 cm.
  Neumáticos: 225/70 VR15.

DIMENSIONES
Longitud: 4,50 m.
Anchura: 1,65 m.
Altura: 1,26 m.
Batalla: 2,40 m.
Vía: 1,39 m (delantero); 1,35 m (trasero).
Peso: 1.300 kg.

Maserati SEBRING

Maserati creó el Sebring para dar una nueva vida a su popular 3500GT. Con su moderna carrocería, sus motores más potentes y su transmisión de cinco velocidades, el Sebring enamoró a los clientes.

Estabilidad a altas velocidades

«Gracias a su batalla más corta, el Sebring resulta más manejable que el 3500GT. Es equilibrado y neutro a la dirección, si se abusa del acelerador puede sobrevirar. Su estabilidad a altas velocidades es impresionante, como su maniobrabilidad a cualquier velocidad. Sus resortes, muy rígidos, permiten controlar de forma excepcional el vehículo. Los discos de sus cuatro ruedas proporcionan un excelente frenado (sobre todo teniendo en cuenta que se pueden alcanzar 193 km/h en sólo 30 segundos y que la velocidad máxima es de casi 225 km/h).»

En su salpicadero, bien surtido de indicadores, destaca un volante clásico de tres radios.

Hitos

1957: Maserati presenta el 3500GT como su primer coupé deportivo realmente de serie.

El 3500GT catapultó a Maserati a la liga de los supercoches.

1961: El 3500GT es mejorado: una transmisión estándar de cinco velocidades y un sistema de inyección de combustible Lucas, que sustituye a los carburadores.

El Mistral, diseñado por Frua, utilizaba el motor de seis cilindros en línea del Sebring.

1963: La nueva carrocería de Vignale es tan distinta que resulta oportuno elegir un nuevo nombre para el coche. Maserati elige el nombre de Sebring en homenaje al circuito de carreras de Florida. La potencia procede de un motor de seis cilindros en línea de 3,5; 3,7 y 4 litros.

1966: Cesa la producción después de haber construido 438 Sebrings. En este momento, la compañía pasó el testigo al Ghibli, un coche con más glamour.

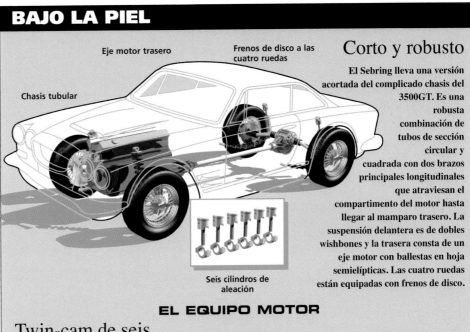

Eje motor trasero

Frenos de disco a las cuatro ruedas

Chasis tubular

Seis cilindros de aleación

Corto y robusto

El Sebring lleva una versión acortada del complicado chasis del 3500GT. Es una robusta combinación de tubos de sección circular y cuadrada con dos brazos principales longitudinales que atraviesan el compartimento del motor hasta llegar al mamparo trasero. La suspensión delantera es de dobles wishbones y la trasera consta de un eje motor con ballestas en hoja semielípticas. Las cuatro ruedas están equipadas con frenos de disco.

EL EQUIPO MOTOR

Twin-cam de seis cilindros

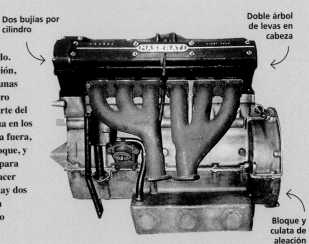

Dos bujías por cilindro

Doble árbol de levas en cabeza

Bloque y culata de aleación

Con este motor de seis cilindros, Maserati hizo las cosas de otro modo. El bloque y las culatas son de aleación, pero los pistones corren dentro de unas inusuales camisas húmedas de hierro fundido. Éstas ocupan la mayor parte del bloque, pero están rodeadas de agua en los 2 cm superiores. Se proyectan hacia fuera, más allá de la parte más alta de bloque, y están provistas de anillos estancos para mantener fuera el refrigerante y hacer innecesaria la junta de la culata. Hay dos bujías por cilindro para mejorar la combustión, encendidas por un solo distribuidor y dobles resortes.

Con más carrera

Los Sebring más excitantes son las últimas versiones, con motores twin-cam de seis cilindros prolongados para desplazar cuatro litros. Esto proporciona 225 CV, los suficientes para alcanzar la velocidad máxima de 235 km/h, en un intento de ponerse a la altura de sus rivales: Ferrari y Lamborghini.

El Sebring con el motor más potente de cuatro litros es, con diferencia, el más veloz de la gama.

Maserati **SEBRING**

La compacta carrocería de Vignale daba al Sebring una aspecto mucho más moderno que el del 3500GT, gracias a algunos elementos como los cuatro faros del morro y la línea, más definida y agresiva.

Recirculación de bolas

Hasta la década de los setenta, Maserati no comprendió las ventajas de utilizar una dirección de piñón y cremallera. Hasta entonces, afirmaban que se podían obtener excelentes resultados con un sistema de dirección de recirculación de bolas, en teoría inferior.

Motor twin-cam

El motor twin-cam de aleación y seis cilindros era básicamente el del 3500GT. Era un diseño con cilindros de larga carrera, capaz de girar suavemente a alrededor de 700 rpm, así como de acelerar a más de 6.000 rpm, en parte gracias al avanzado sistema de inyección.

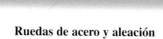

Ruedas de acero y aleación

Los Sebring podían encargarse tanto con ruedas Borrani knock-on de radios de alambre como con frenos de disco. Como las ruedas Borrani, los discos de acero tenían en realidad la parte central de acero. Las llantas eran de aleación, para aligerar peso.

Eje motor

La suspensión trasera es un simple eje motor suspendido sobre ballestas en hoja semielípticas, pero Maserati se aseguró de que estaría bien colocado incorporando un torque arm, así como una barra estabilizadora y amortiguadores inclinados hacia adentro, en dirección al diferencial.

Batalla más corta

El Sebring está construido sobre un chasis parecido al del 3500GT, pero con una base de ruedas (batalla) 9,9 cm más corta. Este acortamiento proporciona un poco más de agilidad.

Características

1964: Maserati Sebring

MOTOR
Tipo: De seis cilindros en línea.
Construcción: Bloque y culata de aleación-aluminio.
Distribución: Dos válvulas por cilindro, operadas por dobles árboles de levas en cabeza.
Diámetro y recorrido: 8,58 x 10 cm.
Cilindrada: 3.485 cc.
Índice de compresión: 8,8/1.
Sistema de inducción: Inyección mecánica de combuistible Lucas.
Potencia máxima: 235 CV a 5.500 rpm.
Par máximo: 42,07 kilográmetros a 4.000 rpm.

TRANSMISIÓN
Manual, de cinco velocidades ZF.

CARROCERÍA/TIPO DE CHASIS
Chasis independiente fabricado de acero tubular con carrocería de coupé de acero diseñada por Vignale.

CARACTERÍSTICAS ESPECIALES

Los orificios de ventilación colocados detrás de las ruedas delanteras expulsan aire caliente de los discos de los frenos.

El discreto orificio de ventilación del capó da un aire más «musculoso» al Sebring.

BASTIDOR
Dirección: De recirculación de bolas.
Suspensión delantera: Dobles wishbones, con resortes helicoidales, amortiguadores telescópicos y barra estabilizadora.
Suspensión trasera: Eje motor con ballestas en hoja semielípticas, torque arm, amortiguadores telescópicos y barra estabilizadora.
Frenos: De disco Girling (delanteros y traseros).
Ruedas: De alambre Borrani de 16,51 x 40,64 cm.
Neumáticos: Pirelli Cinturato, 185 x 16.

DIMENSIONES
Longitud: 4,47 m.
Anchura: 1,66 m.
Altura: 1,32 m.
Batalla: 2,50 m.
Vía: 139 m (delantero); 1,36 m (trasero).
Peso: 1.513 kg.

Nissan 300ZX TURBO

El gigante nipón Nissan, con el Porsche 944 Turbo como meta, decidió transformar la imagen de su aparatoso 300ZX, y lo logró con éxito. El nuevo modelo fue uno de los más rápidos y manejables deportivos de su época.

Suave, lujoso y veloz

«Estamos en 1969, al volante del 240ZX original, un puro deportivo destinado a fascinar a miles de entusiastas y a convertirse en un clásico. En 1984, el Z se ha convertido en un coche medieval y hay que encargar a un equipo de expertos una receta menos recargada y empalagosa. En 1990, la devoción por el coche Z resucitó en la forma del 300ZX. En este nuevo modelo lleva un avanzado sistema de dirección a las cuatro ruedas, dos turbos interrefrigerados y un box un 20% más rígido. Es un coche suave, lujoso y veloz..., aunque no tan puro como el original.»

El habitáculo del 300ZX, descrito a menudo como «el Corvette japonés», tiene un aire refinado y resuelto.

Hitos

1984: La línea iniciada en 1969 con el 240Z original culmina con el 300ZX, un coche feo, hinchado y recargado. Es el momento de introducir un cambio radical. Nissan crea un nuevo equipo de proyectos con la intención de regresar a lo básico y diseñar un coche Z capaz de llegar a ser campeón mundial en los noventa.

El nuevo 300ZX Turbo de Nissan era rápido como una bala y tenía unos frenos a la altura de tal velocidad.

1989: Se lanza el nuevo 300ZX en el EE.UU., un mercado vital, después de haber debutado mundialmente en febrero, en el Salón del Automóvil de Chicago.

Por fin, se dotó al coche Z de Nissan de un chasis digno de su enorme performance.

1990: El 300ZX se pone en venta en Europa.

1992: Para hacerlo más atractivo, se introduce un convertible biplaza, que fue presentado en el Salón del Automóvil de Detroit, lo cual demuestra hasta qué punto es importante para Nissan el mercado estadounidense.

BAJO LA PIEL

Diseñado por ordenador

La suspensión hace del Nissan un coche completamente distinto. Con ayuda de dos enormes superordenadores Cray, se desarrolló una suspensión de doble wishbone que complementase el sistema de dirección a las cuatro ruedas, que sólo se pone en funcionamiento a alta velocidad. Una suspensión tan precisa exigía también una carrocería extremadamente rígida, y la del 300ZX es un 20% más rígida que la del anterior ZX.

Sistema de dirección de las ruedas traseras

Suspensión trasera multilink

Motor V6 rediseñado

Nueva suspensión wishbone en la parte delantera

EL EQUIPO MOTOR

Un festín tecnológico

Sistema de inducción de tipo cross-over

Árboles de levas en cabeza accionados por correa

Bloque de hierro fundido

Turboalimentador Garrett

Nissan no escatimó tecnología avanzada en su motor V6 de 3 litros, con bloque de hierro y culata de aleación. Hay cuatro árboles de levas en cabeza y 24 válvulas, pero también una regulación variable de las válvulas en los árboles empotrados y una ignición directa con un resorte independiente para cada bujía de encendido. Se usan dos turboalimentadores híbridos Garret T2/T25 25, uno por cada banco de cilindros, que introducen el aire que atraviesa los dos interrefrigeradores aire-aire. Para el sintonizado del motor, las pipas de inducción de cada turbo son muy largas: cada una atraviesa el motor.

Menos es más

Para los verdaderos amantes de los supercoches, el favorito indiscutible es el modelo biplaza. Se ha acortado unos 38,10 cm, por lo que es más ligero y, con una batalla 12,70 cm más corta, también incluso más ágil. Y mejor aún es el convertible biplaza que se puso a la venta en 1992: el primer coche Z de Nissan descapotable de verdad.

La batalla, más corta, hace del biplaza un modelo más compacto y deseable.

Nissan 300ZX TURBO

En 1990, el 300ZX era el deportivo más avanzado y complejo jamás construido por Nissan. Un poco artificioso, ciertamente, pero toda esa tecnología tan avanzada tenía una razón de ser: estaba destinada a capacitar a este coche para competir en condiciones de igualdad con los mejores del mundo.

V6 quad-cam

El motor V6 es una versión rediseñada del V6 utilizado por el anterior 300ZX, con cuatro árboles de levas, cuatro válvulas por cilindro y regulación variable de las válvulas. Se podía elegir tanto una versión con aspiración natural de 222 CV como la poderosa versión turbo.

Doble turbo

Dos pequeños turboalimentadores proporcionan una respuesta más rápida que un solo turbo de mayor tamaño, y también reducen el turbo lag.

Suspensión delantera multilink

El nuevo diseño de la suspensión delantera del 300ZX es curioso, con los brazos superiores casi al mismo nivel que la parte más alta de los resortes helicoidales, y que de hecho asoman hacia fuera más allá de la parte más alta de cada rueda.

Suspensión trasera multilink

El sistema multilink no sólo permite controlar satisfactoriamente las ruedas del 300ZX, sino que también está diseñado para hacer que éstas se inclinen ligeramente hacia dentro por la parte superior mientras se frena o se acelera, con el fin de mantener el coche estable.

Dirección a las cuatro ruedas

Existen varios sistemas de dirección a las cuatro ruedas para hacer los coches más manejables a bajas velocidades: por ejemplo, para aparcar con facilidad. El del 300ZX fue diseñado para ponerse en funcionamiento sólo a altas velocidades, con el fin de mejorar la toma de las curvas y los cambios de carril.

Paneles de quita y pon

El techo solar del 300ZX no se desliza de forma convencional, sino que sus paneles se retiran manualmente y después se guardan en un saco de vinilo dentro del maletero.

Respiraderos para el intercooler

Los orificios de ventilación que se ven debajo de los focos cuadrados alimentan los dos interrefrigeradores aire-aire del motor. También se ha montado un refrigerador por aceite en la parte frontal.

Ignición directa

Cada uno de los seis cilindros tiene una bujía de encendido. Las señales emitidas por el sensor de inclinación del cigüeñal determinan cuándo debe encenderse cada coil. Es un sistema absolutamente preciso.

Ventanillas perfectamente enrasadas

Nissan siguió el ejemplo de Audi y equipó su 300ZX con ventanillas laterales perfectamente enrasadas, que además de resultar más elegantes desde el punto de vista estético, también son más eficaces desde punto de vista aerodinámico.

Características

1990: Nissan 300ZX Turbo

MOTOR
Tipo: V6.
Construcción: Bloque de hierro fundido y culata de aleación.
Distribución: Cuatro válvulas por cilindro operadas por cuatro árboles de levas en cabeza; válvulas de admisión variable.
Diámetro y recorrido: 8,63 x 8,38 cm.
Cilindrada: 2.960 cc.
Índice de compresión: 8,5/1.
Sistema de inducción: Inyección electrónica de combustible, con dos turboalimentadores interrefrigerados Garret T2/25.
Potencia máxima: 300 CV a 6.400 rpm.
Par máximo: 59 kilográmetros a 3.600 rpm.

TRANSMISIÓN
Manual, de cinco velocidades.

CARROCERÍA/TIPO DE CHASIS
Monocasco de acero con carrocería de coupé de dos puertas, biplaza o 2+2.

CARACTERÍSTICAS ESPECIALES

Dos árboles por cada banco de cilindros accionan válvulas inclinadas con admisión variable. Aquí se ve sólo un banco de cilindros.

El proveedor de los faros, Ichiki Kogyo, utilizó un nuevo proceso de prensado para crear estos faros totalmente adaptados al contorno de la carrocería.

BASTIDOR
Dirección: De piñón y cremallera.
Suspensión delantera: Multilink, con wishbones más bajos, resortes helicoidales, amortiguadores telescópicos y barra estabilizadora.
Suspensión trasera: Multilink, con resortes helicoidales, amortiguadores y barra estabilizadora.
Frenos: Discos ventilados con ABS.
Ruedas: De aleación-fundición de 40,64 cm.
Neumáticos: 225/50 ZR16 (delanteros) y 245/45 ZR16 (traseros).

DIMENSIONES
Longitud: 4,53 m.
Anchura: 1,80 m.
Altura: 1,25 m.
Batalla: 2,57 m.
Vía: 1,50 m (delantero); 1,53 m (trasero).
Peso: 1.81 kg.

Nissan **SKYLINE GT-R**

Aunque Skyline sea el nombre más antiguo de Nissan (se remonta a 1955), el GT-R pertenece a la era de los supercoches modernos. Es una máquina de prestaciones funcionales ultraelevadas, armada hasta los dientes con los últimos avances tecnológicos, y uno de los coches de cuatro plazas más veloces del mundo.

Potencia maximizada

«A pesar de su enorme alerón trasero y sus ciclópeas ruedas de aleación, lo cierto es que el GT-R de dos puertas no parece demasiado especial a simple vista. Sin embargo, por dentro, es uno de los automóviles más memorables de la historia. Hay que mantenerlo a altas revoluciones para que su potencia esté maximizada y así disfrutar de toda la performance que necesitamos. La dirección es muy sensible y los enormes frenos, sumamente poderosos. Es uno de los coches más rápidos del mundo en carreteras zigzagueantes.»

El habitáculo del Skyline es funcional y cuenta con asientos anatómicos que se adaptan perfectamente a la forma del cuerpo.

Hitos

1989: Se presenta el

primer Skyline GT-R como una versión de prestaciones funcionales ultraelevadas del nuevo modelo Skyline de octava generación, de aspecto más moderado.

El último verdadero deportivo de altas prestaciones funcionales fabricados por Nissan fue el 300ZX.

1994: Se lanza un nuevo

Skyline de novena generación, junto con un modelo GT-R V-Spec. El coche se vende sólo en Oriente Próximo y otros países lejanos, que llevan la dirección en el lado derecho (sobre todo, Japón y Australia).

El segundo coche más veloz de Nissan es el 200SX.

1997: Después de haber

asombrado a la prensa especializada de todo el planeta, el GT-R debuta en el mercado británico. Como modelo de producción limitada, sólo se ponen en venta 200 unidades durante el primer año. Se convierte en el coche de fabricación en serie con más velocidad de giro.

BAJO LA PIEL

Alta tecnología

Por dentro, el Skyline GT-R está repleto de excelente tecnológica. La propia carrocería está reforzada con traviesas en el compartimento del motor y el maletero. La suspensión multilink, en su versión más avanzada, proporciona una excelente manejabilidad y la tracción está asistida por un sistema split-torque que llega hasta las ruedas delanteras y traseras. Un sistema activo de dirección de las ruedas traseras elimina el subviraje. El frenado se ha mejorado con unos discos ventilados de enorme diámetro.

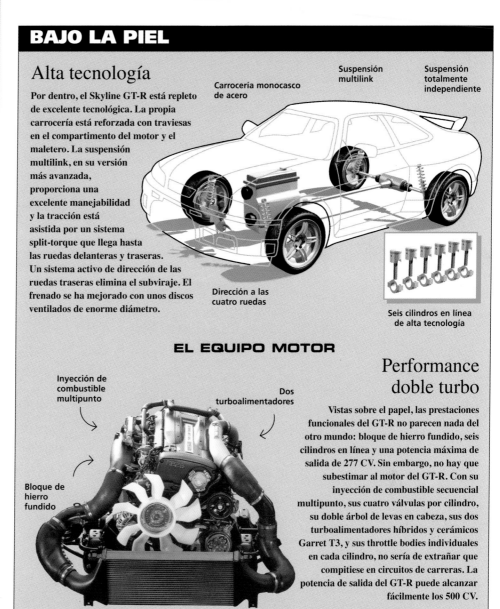

Carrocería monocasco de acero

Suspensión multilink

Suspensión totalmente independiente

Dirección a las cuatro ruedas

Seis cilindros en línea de alta tecnología

EL EQUIPO MOTOR

Inyección de combustible multipunto

Dos turboalimentadores

Bloque de hierro fundido

Performance doble turbo

Vistas sobre el papel, las prestaciones funcionales del GT-R no parecen nada del otro mundo: bloque de hierro fundido, seis cilindros en línea y una potencia máxima de salida de 277 CV. Sin embargo, no hay que subestimar al motor del GT-R. Con su inyección de combustible secuencial multipunto, sus cuatro válvulas por cilindro, su doble árbol de levas en cabeza, sus dos turboalimentadores híbridos y cerámicos Garret T3, y sus throttle bodies individuales en cada cilindro, no sería de extrañar que compitiese en circuitos de carreras. La potencia de salida del GT-R puede alcanzar fácilmente los 500 CV.

Alucinante

El GT-R es una máquina alucinante en todos los sentidos. Se ofrece en forma de coupé de dos puertas o como turismo de cuatro puertas de edición limitada. Si necesitas más exclusividad y potencia, puedes probar la versión modificada Autech, desarrollada por la división de coches de altas prestaciones de Nissan.

El GT-R ofrece unas prestaciones funcionales de escándalo.

Nissan SKYLINE GT-R

Este coche batió un récord en el famoso circuito alemán de Nürburgring: fue el coche de fabricación en serie con más velocidad de giro. El GT-R es una auténtica máquina de elevadas prestaciones funcionales destinada a verdaderos amantes del motor.

Un motor muy sintonizable

Su motor de seis cilindros en línea puede ofrecer mucho más del que está sintonizado de forma estándar, ya que la velocidad máxima del GT-R está limitada electrónicamente a 217 km/h. La mayoría de los propietarios alteran el sistema de control electrónico del motor para conseguir 80 CV adicionales.

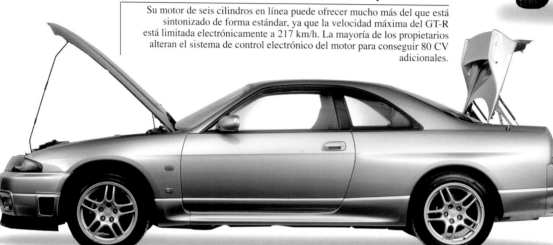

Diferencial activo de deslizamiento limitado

Para que sus neumáticos traseros no pierdan agarre bajo una fuerte aceleración, hay sensores en las dos ruedas que detectan el deslizamiento del neumático y transfieren automáticamente más potencia a la otra rueda. Cada rueda tiene su propio embrague multiplaca para que el par entre las ruedas sea variable. Cada centésima de segundo, se realizan ajustes por ordenador.

Tracción a las cuatro ruedas torque-split

Un sistema de tracción a las cuatro ruedas controlado por ordenador garantiza una tracción óptima. Normalmente, el 100% de la tracción se dirige al eje trasero. Los sensores analizan la tracción y la estabilidad del vehículo cada centésima de segundo. Hasta un 50% del torque del motor puede ser dirigido hacia las ruedas delanteras.

Dirección a las cuatro ruedas

El sistema de dirección a las cuatro ruedas Super HICAS cuenta con múltiples sensores que detectan la entrada de la dirección, el giro, la velocidad del vehículo, su índice de guiñada y las fuerzas-G laterales. A continuación, el sistema calcula la cantidad de dirección que debe ser aplicada a las ruedas traseras por medio de un motor eléctrico.

Alerón trasero ajustable

El alerón trasero, del mismo color que la carrocería y montado en la puerta del maletero, forma parte de la carrocería junto con los abultados arcos de las ruedas, los faldones laterales, una parrilla de malla y un profundo parachoques-derivabrisas frontal.

Frenos de carreras

Detrás de las ruedas, de aleación de cinco radios dobles, hay unos frenos de disco ventilados muy grandes. Miden 32,51 cm de diámetro en las ruedas delanteras (con calipers de cuatro pistones realizados por el fabricante italiano de frenos de carreras Brembo). También hay un sistema de frenado antibloqueo ABS de cuatro canales.

Sencillo habitáculo

El habitáculo refleja el hecho de que la base del GT-R es un turismo bastante estándar. La austeridad de sus sencillos acabados en negro sólo está aliviada por unos atractivos asientos, elementos de fibra de carbono y los irresistibles gráficos GT-R.

Características

1998: Nissan Skyline GT-R

MOTOR
Tipo: Seis cilindros en línea.
Construcción: Bloque de hierro fundido y culata de aluminio.
Distribución: Cuatro válvulas por cilindro accionadas por dobles árboles de levas en cabeza.
Diámetro y recorrido: 8,58 x 7,39 cm.
Cilindrada: 2.568 cc.
Índice de compresión: 8,5/1.
Sistema de inducción: Inyección de combustible secuencial multipunto.
Potencia máxima: 277 CV a 6.800 rpm.
Par máximo: 45,09 kilográmetros a 4.400 rpm.

TRANSMISIÓN
Manual, de cinco velocidades.

CARROCERÍA/TIPO DE CHASIS
Integral, con carrocería de coupé de dos puertas de acero y aluminio.

CARACTERÍSTICAS ESPECIALES

La inclinación del alerón trasero puede ajustarse para proporcionar cantidades variables de fuerza descendente.

Las luces traseras, redondas al estilo Ferrari, le dan sabor de coche de carreras de pura sangre.

BASTIDOR
Dirección: De piñón y cremallera.
Suspensión delantera: Multilink, con resortes helicoidales, amortiguadores telescópicos y barra estabilizadora.
Suspensión trasera: Multilink con resortes helicoidales, amortiguadores telescópicos y barra estabilizadora.
Frenos: Discos ventilados de 32,51 cm de diámetro (delanteros) y 11,8 cm de diámetro (traseros).
Ruedas: De aleación de 43,18 cm de diámetro.
Neumáticos: 245/45 ZR17.

DIMENSIONES
Longitud: 4,67 m.
Anchura: 1,78 m.
Altura: 1,36 m.
Batalla: 2,72 m.
Vía: 1,48 m (delantero); 1,47 m (trasero).
Peso: 1.601 kg.

Panther SOLO

Panther fue «a por todas» con el Solo. Tenía en su chasis la más avanzada tecnología de los coches de carreras, un motor central y tracción a las cuatro ruedas. Pero el Solo no podía fabricarse a un precio que la gente pudiese pagar, y sólo se produjeron 26 unidades.

Promete y cumple

«Con su maravilloso tablero de mandos, completado por el enorme tacómetro central, el Solo promete. La combinación de motor central, cuatro cilindros, doble árbol de levas, turboalimentador y tracción a las cuatro ruedas se traduce en una tremenda agilidad para tomar las curvas y una tremenda rapidez de respuesta, a pesar de que sus neumáticos son relativamente pequeños. La dirección es directa y muy sensible. Aunque el Solo tiene un soberbio agarre, en él se viaja de forma confortable para ser un supercoche. Su motor, no obstante, acusa el denominado turbo lag.»

En el habitáculo de ejecutivo del Solo destacan los indicadores en negro sobre blanco.

Hitos

1984: Mientras se acerca

el momento en el que el primer Panther Solo va a entrar en producción, Toyota presenta el primer MR2. Pantherlos prueba el MR2 y se da cuenta de que el Solo será incapaz de competir con él, y el proyecto se congela.

El Panther Solo utiliza el mismo motor turboalimentador que el Sierra RS Cosworth 4 x 4 de Ford.

1989: Tras una larga

demora provocada por la complejidad del nuevo diseño (en especial, de su chasis), el Solo sale a la venta a últimos de año, ahora con tracción a las cuatro ruedas. Han pasado ya más de cuatro años desde que se creó el primer prototipo del Solo.

El Panther Kallista, de estilo retro, está propulsado por motores Ford.

1990: Después de haber

completado sólo 26 unidades, Panther admite su derrota: el Solo resulta demasiado caro y la calidad de su construcción no puede equipararse con la de los supercoches con los que rivaliza.

BAJO LA PIEL

Complejidad extrema

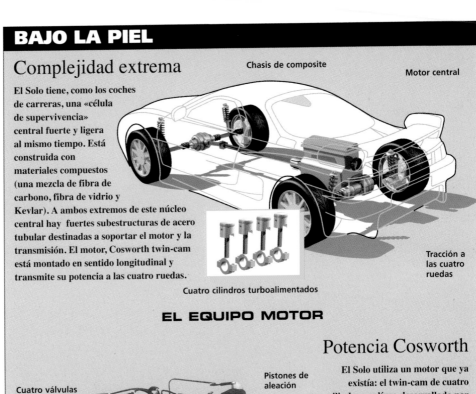

Chasis de composite

Motor central

El Solo tiene, como los coches de carreras, una «célula de supervivencia» central fuerte y ligera al mismo tiempo. Está construida con materiales compuestos (una mezcla de fibra de carbono, fibra de vidrio y Kevlar). A ambos extremos de este núcleo central hay fuertes subestructuras de acero tubular destinadas a soportar el motor y la transmisión. El motor, Cosworth twin-cam está montado en sentido longitudinal y transmite su potencia a las cuatro ruedas.

Tracción a las cuatro ruedas

Cuatro cilindros turboalimentados

EL EQUIPO MOTOR

Potencia Cosworth

El Solo utiliza un motor que ya existía: el twin-cam de cuatro cilindros en línea desarrollado por Ford y Cosworth para el Ford Cosworth Sierra. Se trata de un motor clásico, con el bloque de hierro y una culata de aleación con dos árboles de levas accionados por correa. Éstos accionan a su vez 16 válvulas con una inclinación de 45º en cámaras de combustión hemisféricas. Las válvulas son grandes porque el motor es oversquare, con cilindros de gran diámetro y corta carrera. Como muchos coches de elevadas prestaciones de la época, el Solo depende de un turbochager Garrett para incrementar su potencia.

Pistones de aleación

Cuatro válvulas por cilindro

Bloque de hierro fundido y culata de aleación

Turboalimentador e interrefrigerado

El Solo original

El primer Solo fue un modelo más simple. Aunque tenía motor central, la tracción era sólo a dos ruedas. A diferencia de los coches de serie, tenía un chasis de acero tradicional, revestido con una carrocería de fibra de vidrio. La potencia procedía de un motor turbo Cosworth de cuatro cilindros.

Los posteriores Solo fueron bastante más avanzados tecnológicamente que el modelo Solo original.

Panther SOLO

En teoría, lo tenía todo para triunfar: era todo un supercoche con auténtica tracción a las cuatro ruedas, perfectamente capaz de rivalizar con el mejor de los supercoches. En la práctica, no obstante, su introducción tardía, su elevado coste y la mediocre calidad de su construcción disuadieron a muchos posibles compradores.

Hecho de composite

La construcción del Solo era complicada y resultaba muy cara de manufacturar. Tenía subestructuras delanteras y traseras de acero, y su carrocería estaba formada por una mezcla de materiales compuestos y paneles de fibra de vidrio.

Tomas de aire para el intercooler

El intercooler del turboalimentador está montado en la parte posterior del compartimento del motor, bajo el alerón trasero.

Tracción a las cuatro ruedas

La ubicación central del motor, unida a la tracción a las cuatro ruedas, produce una tracción y una maniobrabilidad notables, aparte de una disposición del tren motor que es única en el mundo de los supercoches.

Alerón trasero funcional

Las pruebas realizadas en el túnel de viento dieron como resultado un spoiler con el perfil y la inclinación más adecuadas para producir fuerza descendente en la parte trasera. El alerón posterior está complementado por la acción de los bajos del coche, que ayudan a lograr que la trasera se adhiera como una ventosa al asfalto.

Suspensión wishbone

Tanto en la parte delantera como en la trasera se utilizan wishbones dobles de longitud desigual, aunque están compensados para despejar los ejes primarios.

Características

1989: Panther Solo

MOTOR
Tipo: Ford Cosworth de cuatro cilindros en línea.
Construcción: Bloque de hierro fundido y culata de aleación.
Distribución: Cuatro válvulas por cilindro, operadas por dobles árboles de levas en cabeza accionados por correa.
Diámetro y recorrido: 9,06 x 7,69 cm.
Cilindrada: 1.993 cc.
Índice de compresión: 8,0/1.
Sistema de inducción: Inyección electrónica de combustible Weber-Marelli, con turboalimentador Garrett T3B interrefrigerado.
Potencia máxima: 204 CV a 6.000 rpm.
Par máximo: 32,47 kilográmetros a 4.500 rpm.

TRANSMISIÓN
Manual, de cinco velocidades con tracción a las cuatro ruedas y acoplamiento axial de árboles viscosos en las partes central y trasera.

CARROCERÍA/TIPO DE CHASIS
Floorpan de acero y subestructuras delanteras y traseras, con elemento central y carrocería de composite (materiales compuestos).

CARACTERÍSTICAS ESPECIALES

Grandes respiraderos dejan entrar aire fresco en el radiador.

Estos faros están en habitáculos giratorios, volviéndose hacia dentro, o a la inversa.

BASTIDOR
Dirección: De piñón y cremallera.
Suspensión delantera: Tirantes MacPherson, con brazos oscilantes (wishbone) inferiores.
Suspensión trasera: Wishbones dobles, con resortes helicoidales y amortiguadores Bilstein.
Frenos: Discos ventilados de 26 cm de diámetro (delanteros) y 27,30 cm de diámetro (traseros); ABS de fábrica.
Ruedas: De aleación de 15,24 cm x 38,10 cm.
Neumáticos: Goodyear Eagle NCT, 195/50 VR15 (delanteros); 205/50 VR15 (traseros).

DIMENSIONES
Longitud: 4,34 m.
Anchura: 1,80 m.
Altura: 1,18 m.
Batalla: 2,53 m.
Vía: 2,53 m (delantero); 1,51 m (trasero).
Peso: 1.235 kg.

Pontiac **TRANS AM**

Como Pontiac sólo había construido ocho convertibles Firebird Trans Am en 1969, con los años fueron muchos los entusiastas que decidieron construirse ellos mismos su propio modelo. El propietario de ese Trans Am drop-top modificado decidió darle un toque de modernidad incorporándole un nuevo motor de inyección de 5.535,7 cc y una transmisión automática sobremultiplicada.

Un guerrero del semáforo

«Este clásico modificado nos hace viajar al pasado: hace que nos sintamos atravesando el bulevar a velocidad de crucero en el verano del 69…, pero la historia da un giro inesperado: su motor Chevy de 5.735,5 cc gruñe en tono amenazador para parar los pies a los impostores mientras nos preparamos para el el Gran Prix del Semáforo. Estamos utilizando inyección de combustible y un diferencial Positraction para poder transferir toda esa potencia al terreno. ¿Preparados? Rojo…, verde… ¡Despeguen! Prende fuego a los neumáticos, y escucha el verdadero sonido de esos 250 CV que te clavan al respaldo del asiento y déjalos atrás, envueltos en una nube de humo… ¡Estás conduciendo un guerrero del semáforo!»

El habitáculo de esta perla modificada es perfecto para viajar a velocidad de crucero. Hay sitio de sobra para ponerse cómodos y escuchar rock'n'roll de los viejos tiempos.

Hitos

1967: Se introduce el
Firebird con toda una gama de motores, el más potente de los cuales es el V8 de 6.554,8 cc, con 325 CV.

1969: El Trans Am, cuyo
nombre alude a la serie de racing, se convierte en el más solicitado de todos los Firebird.

1970: Las líneas cambian.
Ahora, todos los Firebird tienen un aspecto más alargado, bajo y con líneas más suaves. El Firebird convertible es descontinuado.

Los cambios externos de 1974 agradaron, de hecho, a los compradores.

1974: Otros cambios
externos insuflan al Firebird un nuevo soplo de vida.

1982: Aparece el Firebird
de tercera generación. Es más pequeño y ligero que antes pero, en estos tiempos, incluso el Trans Am sólo produce 155 CV.

El Camaro IROC Z28 prestó su motor al coche que puede verse al dorso.

1989: La potencia se
incrementa constantemente: el V8 de 5.735,5 cc puede adquirirse con 220 CV en el Camaro Z28 IROC. Una versión modificada se trasplanta a este Trans Am de 1969.

BAJO LA PIEL

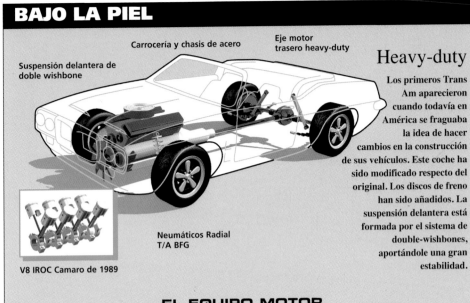

Suspensión delantera de doble wishbone

Carrocería y chasis de acero

Eje motor trasero heavy-duty

Neumáticos Radial T/A BFG

V8 IROC Camaro de 1989

Heavy-duty

Los primeros Trans Am aparecieron cuando todavía en América se fraguaba la idea de hacer cambios en la construcción de sus vehículos. Este coche ha sido modificado respecto del original. Los discos de freno han sido añadidos. La suspensión delantera está formada por el sistema de double-wishbones, aportándole una gran estabilidad.

EL EQUIPO MOTOR

Potencia en bloque pequeño

El V8 de 5.735,5 cc del Chevrolet es uno de los grandes de todos los tiempos, y fue el que propulsó, en sus distintas variantes, a todo tipo de maravillas, desde el Blazer hasta el Corvette. En el IROC Camaro de 1989, tenía el bloque y la culata de hierro fundido, balancines de rodillos e inyección de combustible. Los colectores estándar eran de hierro fundido, pero los sintonizadores podían sustituirse por colectores de acero free-flowing para incrementar la potencia de salida. Hay gran cantidad de piezas sintonizables en el V8, árboles de levas de mayor recorrido, con manguitos más largos y puertos modificados, así como modificaciones en las cámaras de combustión y en las válvulas. Es fácil sintonizar un motor de 300 CV: lo único que hace falta es preguntarse a qué velocidad queremos que vaya el coche.

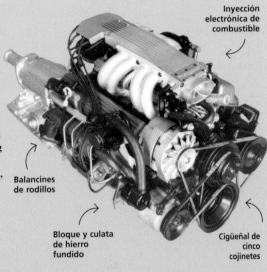

Inyección electrónica de combustible

Balancines de rodillos

Bloque y culata de hierro fundido

Cigüeñal de cinco cojinetes

El Pontiac de lujo

La respuesta de Pontiac al Camaro Z28 apareció un año después de que surgiera su rival, nacido en la misma casa. Se hizo un poco más lujoso en consonancia con el estatus más elevado dentro de la jerarquía de la General Motors. En la forma Trans Am, utiliza un motor V8 más grande, de 6.554,8 cc, en vez del 4.948,9 cc del Z28.

Los Trans Am del primer año eran blancos con rayas azules.

Pontiac TRANS AM

¿Para qué tomar un auténtico coche de colección y modificarlo? ¿Para qué sustituir un V8 de 6.544,8 cc por uno de menor tamaño? Si estudia detenidamente todas las modificaciones y mejoras introducidas, y, si conduces este nuevo coche, la respuesta te parecerá obvia.

V8 de 6.544,8 cc

El V8 de 6.554,8 cc de Pontiac no era uno de los mejores V8 norteamericanos, aunque ciertamente produjese mucha potencia. Aquí, ha sido sustituido por un motor V8 de mejor calidad, más ligero y pequeño, un V8 Chevrolet de 5.735,5 cc como el del Camaro Z28 y con especificaciones muy similares a las del Corvette.

Ruedas más altas

En 1969, el Trans Am corría sobre ruedas de 35,56 cm. Aquí han sido sustituidas por ruedas más altas, de 38 cm, que llenan los arcos de las ruedas y mejoran el aspecto general del coche.

Capota eléctrica

Cuando se colocó la capota eléctrica en el Trans Am, se evitó por completo la necesidad de realizar el menor esfuerzo para subir y bajar el techo.

Diferencial de deslizamiento limitado Positraction

El eje Nova se complementa con el diferencial de deslizamiento limitado Positraction, con su relación de 3,42/1, tomado del Camaro Z28 de 1979. Esta combinación significa que el coche transmite su potencia al asfalto de forma mucho más eficaz que el modelo original de 1969.

Frenos de disco en las ruedas traseras

A finales de los sesenta, incluso en las ruedas delanteras los frenos de disco se ofrecían únicamente como opción en los Firebird, y las traseras llevaban siempre frenos de tambor. Para poder adaptar el coche al mundo moderno, se le han instalado en las ruedas traseras frenos de disco procedentes de un modelo Trans Am de 1979.

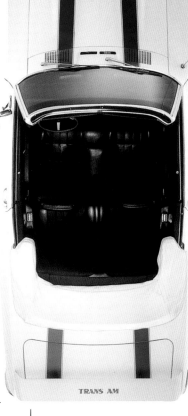

omas de aire en el capó

as dos grandes tomas de aire del capó son impactantes, pero función era la de forzar la entrada de aire en el sistema de misión del motor, que no en vano se llamaba «motor Ram ir» (motor de aire que embiste).

Alerón trasero

En los primeros Firebird, el alerón trasero era parte del paquete Trans Am. Aunque no mucho, sí era suficientemente grande para proporcionar un poco de fuerza descendente y, lo que no es menos importante, para hacer destacar a este coche entre los demás Firebird.

Suspensión trasera

Chevrolet fabricaba coches para los departamentos de Policía de todo Estados Unidos. Esos coches contaban con una suspensión trasera muy dura diseñada para soportar gran cantidad de potencia y constantes carreras, persecuciones y malos tratos. Esta suspensión es la que se ha incorporado a este Trans Am.

Características

1969: Pontiac Trans Am Modificado

MOTOR
Tipo: V8 Chevrolet de bloque pequeño.
Construcción: Bloque y culata de hierro fundido.
Distribución: Dos válvulas por cilindro accionadas por un único árbol de levas montado en el bloque por medio de varillas empujadoras, balancines y levantaválvulas hidráulicos.
Diámetro y recorrido: 10,16 x 8,84 cm.
Cilindrada: 5.735,5 cc.
Índice de compresión: 10/1.
Sistema de inducción: Inyección electrónica de combustible throttle body.
Potencia máxima: 250 CV a 5.000 rpm.
Par máximo: 49,74 kilográmetros a 3.650 rpm.

TRANSMISIÓN
Automática 700R4 1989 sobremultiplicada.

CARROCERÍA/TIPO DE CHASIS
Semiunitario carrocería/chasis con carrocería de convertible de dos puertas.

CARACTERÍSTICAS ESPECIALES

Los frenos de disco de las ruedas traseras proceden de un Trans Am de 1979.

La inyección en el motor IROC Z28 produce menos polución.

BASTIDOR
Dirección: De recirculación de bolas.
Suspensión delantera: Wishbones dobles, con resortes helicoidales, amortiguadores telescópicos y barra estabilizadora.
Suspensión trasera: Eje motor procedente de un Chevrolet Nova para la Policía del año 1979, con ballestas en hoja semielípticas y amortiguadores telescópicos.
   Frenos: De disco (delanteros); discos procedentes de un modelo Trans Am de 1979 (traseros).
   Ruedas: De acero de 38,1 x 15,24 cm.
   Neumáticos: BF Goodrich 235/60R15.

DIMENSIONES
Longitud: 4,85 m.
Anchura: 4,41 m.
Altura: 1,25 m.
Batalla: 2,75 m.
Vía: 1,52 m (delantero y trasero).
Peso: 1.653 kg.

Pontiac TRANS AM SD

En 1974, sólo GM podía ofrecer algo que se acercara remotamente a las máquinas de altas prestaciones de finales de los sesenta y principios de los setenta, con el Chevrolet Corvette y el más potente Pontiac Trans Am SD-455.

Un despegue atronador

«El Trans Am de 1974 era estrictamente un coche "de músculo" norteamericano de la vieja escuela respecto al rendimiento funcional y la maniobrabilidad. Como sus predecesores de la década anterior, era grandioso en las pistas rectas. Su masivo motor de 7.456 cc le proporciona una fantástica aceleración de rango medio. Los frenos, de disco estándar, de sus ruedas delanteras y su diferencial de deslizamiento limitado para un despegue atronador le dan un atractivo adicional.»

El habitáculo es confortable, además de inconfundiblemente «setentero».

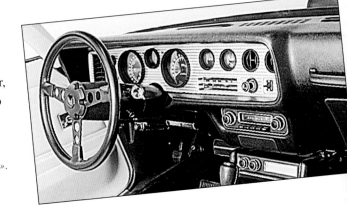

Hitos

1967: Pontiac introduce el
Firebird, que comparte los elementos básicos de su carrocería con el Chevrolet Camaro, que había debutado pocos meses atrás. Ambos están destinados al llamado «pony market» creado por el Mustang.

Chevrolet abandonó el Camaro en 1975, dejando al Trans Am como único coche «de músculo» de la GM.

1969: Se ofrece por primera vez el Trans Am entre los Firebird, como el Firebird de altas prestaciones más alto de su categoría. El motor estándar era el Ram Air III 400 HO de 335 CV.

El Trans Am adquirió un nuevo y atrevido diseño en 1979.

1974: Se producen los primeros cambios importantes en la carrocería y la ingeniería de la serie Firebird/Trans Am.

1976: Último año de vida del motor Pontiac de 7.456 cc, que sólo estaba disponible en el Trans Am y como edición limitada.

BAJO LA PIEL

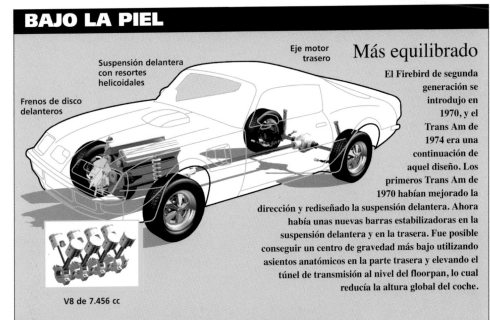

Suspensión delantera con resortes helicoidales

Eje motor trasero

Frenos de disco delanteros

V8 de 7.456 cc

Más equilibrado

El Firebird de segunda generación se introdujo en 1970, y el Trans Am de 1974 era una continuación de aquel diseño. Los primeros Trans Am de 1970 habían mejorado la dirección y rediseñado la suspensión delantera. Ahora había unas nuevas barras estabilizadoras en la suspensión delantera y en la trasera. Fue posible conseguir un centro de gravedad más bajo utilizando asientos anatómicos en la parte trasera y elevando el túnel de transmisión al nivel del floorpan, lo cual reducía la altura global del coche.

EL EQUIPO MOTOR

Un puñetazo Super-Duty

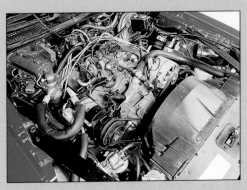

El Super Duty 455 de 7.456 cc, de Pontiac, fue el último bastión de la potencia big-cube para los enamorados del performance. Con una relación de compresión de 8,4/1, su potencia de salida se redujo cuando las primeras restricciones sobre las emisiones empezaron a consumir la potencia. De todos modos, el motor seguía ostentando todos los rasgos de performance propios de la era de los coches «de músculo», que estaba llegando a su fin. Entre estos rasgos se incluían una gran cilindrada, ejes principales de cuatro pernos, pistones de aluminio forjado y un carburador Quadrajet 800-cfm. Incluso se habían previsto instalar un sistema de lubricación por cárter seco. Los primeros coches de 1974 utilizaban el árbol de levas del Ram IV y eran capaces de producir 310 CV; los coches posteriores de 1974 no lo son, y producen sólo 290 CV.

En 1974, Pontiac transformó el morro del Trans Am.

El último de su especie

Si alguien quería un coche «de músculo» en 1974, sólo tenía una opción: el Trans Am SD-455. La producción de los Camaro de bloque grande había sido discontinuada y MOPAR, el proveedor de algunas piezas de estos coches, ya no las trabajaba.

Pontiac **TRANS AM**

Hubo cuatro series de Firebirds Pontiac en 1974: Firebird, Esprit, Fórmula y Trans Am. El motor 455-SD se podía encargar sólo en los Fórmula y los Trans Am. Los más raros son los Fórmula equipados con Super-Duty.

Un tablero de mandos especial

Los Trans Am tenían un volante especial, un salpicadero de falso metal y un racimo de indicadores propio de un coche de rally, entre los cuales se incluían un reloj y un tacómetro montado sobre el tablero de mandos. Como signo de los tiempos, se introdujo más tarde, en ese mismo año, un indicador de «ahorro de combustible».

LSD

El diferencial de deslizamiento limitado era estándar en el Trans Am, y evitaba al máximo que las ruedas patinasen.

Neumáticos nuevos

En 1974, todos los coches de la General Motors tenían que utilizar radiales steel-belted. Por esta razón, los viejos neumáticos Firestone Wide-Oval F60 fueron reemplazados por unos nuevos radiales Firestone 500 F60 x 15.

Parachoques «blandos»

Una novedad introducida en 1974 fueron los parachoques «blandos», tanto en la parte delantera como en la trasera, manufacturados con una espuma de uretano moldeada. Éstos estaban revestidos por fuera con barras frontales de caucho negro que absorbían los impactos producidos durante el aparcamiento.

Tomas de aire por doquier

Pontiac se aseguró de que sus Trans Am tuvieran un aspecto agresivo y poderoso instalando arcos abultados sobre las ruedas y extractores de aire en los guardabarros delanteros. Los respiraderos tan peculiares del capó, vueltos hacia atrás y de aspecto amenazador, rematan el efecto con los laterales del SD-455 laterales.

Trasera rediseñada

El tratamiento de la parte trasera incluye un alerón posterior muy ancho. Las luces traseras son más anchas y están insertadas en una caja horizontal, lo que les da una apariencia más integrada.

Características

1974: Trans Am SD455

MOTOR
Tipo: V8.
Construcción: Bloque y culata de hierro fundido.
Distribución: Dos válvulas por cilindro.
Diámetro y recorrido: 10,54 x 10,7 cm.
Cilindrada: 7.456 cc.
Índice de compresión: 8,4/1.
Sistema de inducción: Carburador de cuatro cuerpos Quadrajet 800-cfm.
Potencia máxima: 310 CV a 4.000 rpm.
Par máximo: 61 kilográmteros a 3.600 rpm.

TRANSMISIÓN
Automática, de tres velocidades Hydra-Matic Turbo M40.

CARROCERÍA/TIPO DE CHASIS
Construcción unitaria de acero.

CARACTERÍSTICAS ESPECIALES

Los logos SD-455 sólo pueden verse en los Trans Am y los Fórmulas.

Un aplique holográfico en el tablero de mandos refleja a la perfección el estilo de mediados de los setenta.

BASTIDOR
Dirección: Ball-nut de relación variable.
Suspensión delantera: Brazos-A, con resortes helicoidales y amortiguadores telescópicos.
Suspensión trasera: Eje motor, con ballestas en hoja y amortiguadores telescópicos.
Frenos: De disco (delanteros) y de tambor (traseros).
Ruedas: De acero de 38,1 cm Rally II.
Neumáticos: F60 x 15 (letras blancas en relieve) Firestone steel belted.

DIMENSIONES
Longitud: 4,98 m.
Anchura: 10,86 m.
Altura: 1,28 m.
Batalla: 2,74 m.
Vía: 1,56 m (delantero); 1,53 m (trasero).
Peso: 1.655,7 kg.

Porsche 993 TURBO

El 993 de Porsche fue el último de la línea 911 Turbo en llevar el famoso motor flat-six refrigerado por aire. En este caso, se trataba del motor de 3,6 litros que producía más de 400 CV, los suficientes para alcanzar un rendimiento de 290 km/h. Su agarre era también asombroso.

Un agarre fantástico

«El doble turbo produce un rendimiento simplemente sorprendente. Pasando, consecutivamente las seis marchas, el 993 puede ponerse a 161 km/h en 9,3 segundos. Su potencia efectiva corta la respiración. Porsche decidió que deseaba un coche con el mayor agarre posible, y su tracción a las cuatro ruedas proporciona un agarre fantástico a través de sus anchos neumáticos. Da la sensación de que este coche es imposible que patine. Por mucha que sea la velocidad a la que tomas una curva, tu osadía siempre se agota antes de que este coche pierda el agarre.»

El salpicadero del 993 tiene un aspecto compacto y ordenado.

Hitos

1975: Sale el primer 911

Turbo. El 930 lleva un solo turbo KKK de gran tamaño y produce 245 CV con una cilindrada de 3 litros, para alcanzar una velocidad máxima de 241 km/h y pasar de 0 a 90 en 6,1 segundos.

El 959 racing del Grupo B fue el primer coche con tracción a las cuatro ruedas de Porsche.

1991: Después de un lapso

de dos años en la producción, aparece el Turbo de segunda generación, con un supercharger de mayor tamaño que produce 315 CV. Además del coche con tracción a dos ruedas, también está disponible el Carrera 4, con tracción a las cuatro ruedas.

La línea del 923 es más suave que la de los 911 que lo precedieron.

1995: Se lanza el Turbo de

tercera generación. Lleva una suspensión trasera de doble wishbone y cuenta con tracción a las cuatro ruedas. Su potencia asciende hasta 400 CV gracias a dos turboalimentadores interrefrigerados.

BAJO LA PIEL

Tracción a las cuatro ruedas

Como el resto de la familia 911, el 993 Turbo tiene el motor montado en la parte trasera, más allá del eje posterior. Cuenta con un refinado sistema variable-split en la tracción a las cuatro ruedas, con acoplamientos viscosos centrales. La suspensión trasera es de doble wishbone, y en la parte delantera se instaló un sistema de tirantes MacPherson modificado que había sido introducido por primera vez en el Carrera 4 en 1989. Hay una dirección de piñón y cremallera asistida y los frenos son enormes discos ventilados.

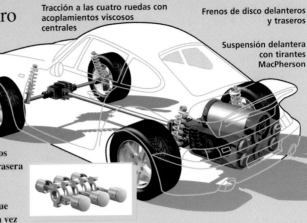

Tracción a las cuatro ruedas con acoplamientos viscosos centrales

Frenos de disco delanteros y traseros

Suspensión delantera con tirantes MacPherson

Motor de tipo flat-six

EL EQUIPO MOTOR

Pegando fuerte

A finales de los ochenta, el famoso motor boxer flat-six de Porsche había incrementado su cilindrada hasta 3,6 litros para el primer Carrera 4. Para lograrlo, fue necesario un nuevo bloque, que sería posteriormente utilizado en el Turbo del 993. Es un bloque oversquare, con 10,16 x 7,74 cm y cilindros de gran diámetro, pero sigue teniendo solamente dos grandes válvulas por cilindro, operadas por un único árbol de levas en cabeza por cada banco de cilindros. La clave de su potencia de salida es un turboalimentador KKK por cada banco de cilindros. Introduciendo algunas sencillas modificaciones, podía producir hasta 450 CV.

El Turbo S

Por encima del 993 Turbo estándar estaba el Turbo S, con alerón trasero y grandes tomas de aire en los arcos de sus ruedas traseras. Su potencia se incrementó con el Turbo hasta 424 CV a 5.750 rpm, además de tener 52,8 kilográmetros de torque. Con él era muy fácil alcanzar una aceleración sensacional y 290 km/h.

El Porsche 993 es un coche refinado y muy «civilizado» para el uso en carretera, aunque su rendimiento funcional sea también admirable.

Porsche **993 TURBO**

El 993 Turbo, de perfil ancho y bajo, con grandes arcos curvos sobre la ruedas traseras y sus característicos faros inclinados, sigue reconociéndose al instante como un descendiente del primerísimo 911 de principios de los sesenta.

Doble turbo

El diseño flat-six del motor se prestaba muy bien a la instalación de un turboalimentador por cada banco de cilindros. Porsche utilizó pequeños turbos KKK K-16 fabricados en Alemania. Cada uno podía instalarse lo más cerca posible de un colector de escape, lo cual aceleraba el tiempo de respuesta eliminando virtualmente el llamado «lag».

Parachoques integrados

A la vez que se cambiaba el diseño de los faros delanteros, se fundió la carrocería con los parachoques, creando así una línea más homogénea y suave.

Ruedas de aleación

Desde hacía mucho tiempo, los Turbo de Porsche llevaban ruedas de aleación; lo único que ocurrió es que se hacían cada vez más y más grandes. Los Turbo 993 tienen ruedas de aleación enormes, de 45,72 cm de diámetro. El motivo de un tamaño tan grande es doble: en primer lugar, permite instalar frenos de disco de más de 3 cm de diámetro y, en segundo lugar, permite utilizar neumáticos de perfil bajo muy anchos.

Tracción a las cuatro ruedas

En 1989, Porsche aplicó la tracción a las cuatro ruedas en el Carrera 4 y después modificó esta tracción para el modelo de segunda generación, con un torque-split variable más ancho. Fue este sistema, con sus acoplamientos viscosos centrales y su diferencial de deslizamiento limitado, el que se utilizó en el 993 Turbo. Normalmente, la tracción se aplicaba de manera automática a las ruedas traseras, hasta que los sensores del vehículo detectaban que el torque requería ser dirigido hacia las ruedas delanteras también.

El peso se concentra en la parte trasera

A pesar de tener tracción a las cuatro ruedas y soportar el peso adicional de los dos ejes motores delanteros, los árboles motores, el propshaft ampliado y el diferencial en la parte delantera, la distribución del peso del 993 Turbo sigue siendo desequilibrada y concentrándose en la parte trasera, donde descansa el 55% del peso del vehículo.

Características

1997: Porsche 993 Turbo

MOTOR
Tipo: Flat six.
Construcción: Bloque y culata de aleación.
Distribución: Dos válvulas por cilindro accionadas por un solo árbol de levas en cabeza por cada banco de cilindros.
Diámetro y recorrido: 10,16 x 7,74 cm.
Cilindrada: 3.600 cc.
Índice de compresión: 8,0/1.
Sistema de inducción: Inyección electrónica de combustible Bosch con dos turboalimentadores KKK.
Potencia máxima: 400 CV a 5.750 rpm.
Par máximo: 63,66 kilográmetros a 4.500 rpm.

TRANSMISIÓN
Manual, de seis velocidades con tracción permanente a las cuatro ruedas.

CARROCERÍA/TIPO DE CHASIS
Monocasco unitario con carrocería de coupé de dos puertas de acero.

CARACTERÍSTICAS ESPECIALES

Las grandes ruedas de aleación alojan enormes frenos de disco ventilados.

El alerón trasero produce fuerza descendente y aporta estabilidad stright-line.

BASTIDOR
Dirección: De piñón y cremallera.
Suspensión delantera: Tirantes MacPherson, con wishbones inferiores y barra estabilizadora.
Suspensión trasera: Wishbones dobles, con resortes helicoidales, amortiguadores telescópicos y barra estabilizadora.
Frenos: Discos ventilados de 32,25 cm de diámetro (delanteros y traseros).
Ruedas: De aleación-fundición de 20,32 x 45,72 cm (delanteras) y 25,40 x 45,72 cm (traseras).
Neumáticos: 225/40 ZR18 (delanteros); 285/30 ZR18 (traseros).

DIMENSIONES
Longitud: 4,26 m.
Anchura: 1,79 m.
Altura: 1,31 m.
Batalla: 2,27 m.
Vía: 1,41 m (delantero); 1,51 m (trasero).
Peso: 1.500 kg.

Shelby CSX

Con el CSX, Carroll Shelby demostró que se puede tomar un coche corriente con tracción delantera y un motor de cuatro cilindros, como el Dodge Shadow, y convertirlo en un coupé deportivo de altas prestaciones con una velocidad de más de 209 km/h.

Una potencia impresionante

«Si usas de golpe sus 175 CV estando inmóvil, más te vale esperar, porque su torque-steer casi podría arrebatarte el volante de las manos. Afloja un poco el acelerador, con suavidad, y recuperarás el control. Con los neumáticos más grandes, opcionales, el coche se agita y da empujones. La conducción es dura, pero se compensa con un aceptable nivel de agarre y una maniobrabilidad que nos permite aprovechar toda la potencia del motor. Como el retardo en la respuesta del turbo es mínimo, siempre hay suficiente potencia efectiva.»

El habitáculo del CSX tiene un aspecto funcional y bastante soso.

Hitos

1987: Carroll Shelby

vuelve los ojos hacia el compacto Dodge Shadow, modifica su suspensión y le incorpora un turboalimentador Garrett.

Carroll Shelby sintonizó muchos productos de la Chrysler Corp. en la década de los ochenta.

1989: Se lanza una edición

limitada (de sólo 500 unidades) con el habitáculo mejorado, una suspensión más baja y rígida, un alerón posterior y un derivabrisas frontal, neumáticos más grandes opcionales y un nuevo turboalimentador de admisión variable. Es el debut de las ruedas de materiales compuestos con fibra de vidrio para los turismos.

El Dodge Neon R/T es el sucesor espiritual del CSX.

1990: Chrysler construye

su propia versión turboalimentada del Shadow después de que Shelby dejase de fabricar el CSX .

1991: En su último año de

producción, el Shadow ve reducida su potencia, incluso con los motores turbo de 2,2 litros, que sólo proporcionan 150 CV.

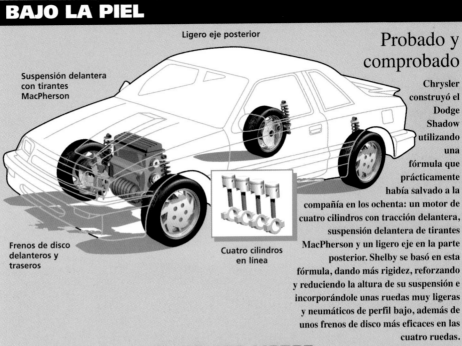

Ligero eje posterior

Suspensión delantera con tirantes MacPherson

Frenos de disco delanteros y traseros

Cuatro cilindros en línea

Probado y comprobado

Chrysler construyó el Dodge Shadow utilizando una fórmula que prácticamente había salvado a la compañía en los ochenta: un motor de cuatro cilindros con tracción delantera, suspensión delantera de tirantes MacPherson y un ligero eje en la parte posterior. Shelby se basó en esta fórmula, dando más rigidez, reforzando y reduciendo la altura de su suspensión e incorporándole unas ruedas muy ligeras y neumáticos de perfil bajo, además de unos frenos de disco más eficaces en las cuatro ruedas.

EL EQUIPO MOTOR

Potencia VNT

El motor Chrysler habitual, con árboles de levas en cabeza y cuatro cilindros se remonta a principios de los ochenta. Tiene el bloque de hierro fundido y un cigüeñal con cinco cojinetes principales, coronado por una culata de aleación con un solo árbol de levas en cabeza accionado por correa y dos válvulas por cilindro, operadas por levantaválvulas hidráulicos. Tiene una carrera larga en relación al diámetro de los cilindros (8,73 x 9,19 cm), y produce un desplazamiento de sólo 2,2 litros. Al principio, su potencia de salida era muy baja, pero al incorporarle el nuevo VNT (turboalimentador de tobera variable) de Chrysler, no sólo se incrementó su potencia hasta 175 CV, sino que también se redujo de forma considerable el turbo lag.

Mi generación

Sólo un modelo CSX de segunda generación podría ser el definitivo, porque estaba muy mejorado en relación al modelo original. Especialmente en lo que a la potencia de salida se refiere, si no a la potencia absoluta, además de las mejoras introducidas en la suspensión y su mayor maniobrabilidad.

El aspecto discreto del CSX no revela su enorme rendimiento potencial.

Shelby **CSX**

El Dodge Shadow estándar tenía un aspecto demasiado anodino y Shelby tuvo que modificarlo para que su imagen no desmereciera. Entre estas modificaciones se incluyeron la reducción de la altura total del vehículo, la adición de neumáticos de perfil bajo y la incorporación de un bodykit con alerones delanteros y traseros.

Dirección asistida

Un coche de morro pesado con tracción delantera, neumáticos de perfil bajo y dirección de piñón y cremallera siempre necesita un sistema de dirección asistida. Hay que tener mucho cuidado con la dirección porque es muy sensible.

Árboles de levas en cabeza

El motor, de cuatro cilindros con árboles de levas en cabeza de Chrysler, había sido diseñado pensando en instalar turboalimentadores y, con una relación de compresión rebajada hasta 8,1/1, era lo bastante fuerte como para arrancar un turboboost de 12 psi a su turbo VNT.

Un morro pesado

Con el motor de hierro fundido montado transversalmente en la parte delantera, junto con su transmisión y su turbo, el peso del CSX se concentra en la parte delantera. La distribución del peso es de 62,38 delantera/trasera, lo cual normalmente, produciría un pequeño desajuste, aunque Shelby logró minimizar este efecto.

Frenos de disco

Como los frenos delanteros hacen casi todo el trabajo, son ventilados y muy grandes, con 25,65 cm de diámetro. Los discos macizos de las ruedas traseras son todavía mayores, con 26,82 cm de diámetro, pero no son ventilados y sobre ellos se ejerce menos fuerza.

Características

1989 Shelby CSX

MOTOR
Tipo: Cuatro cilindros en línea.
Construcción: Bloque de hierro fundido y culata de aleación.
Distribución: Dos válvulas por cilindro operadas por un solo árbol de levas en cabeza accionado por correa.
Diámetro y recorrido: 8,89 x 9,34 cm.
Cilindrada: 2.213 cc.
Índice de compresión: 8,1/1.
Sistema de inducción: Inyección electrónica de combustible, con turbo Garrettt AiReseach VNT-25.
Potencia máxima: 175 CV a 5.200 rpm.
Par máximo: 92,98 kilográmetros a 2.400 rpm.

TRANSMISIÓN
Manual, de cinco velocidades.

CARROCERÍA/TIPO DE CHASIS
Construcción unitaria de acero.

CARACTERÍSTICAS ESPECIALES

El CSX, a 209 km/h., necesitaba su alerón posterior para mantenerse estable a altas velocidades.

El turboboost es el único indicador que da una pista sobre lo que realmente «se cuece» bajo el capó.

BASTIDOR
Dirección: De piñón y cremallera.
Suspensión delantera: Tirantes MacPherson con control arms inferiores y barra estabilizadora.
Suspensión trasera: Beam axle con brazos de arrastre, barra Panhard, resortes helicoidales, amortiguadores telescópicos y barra estabilizadora.
Frenos: De disco ventilados de 25,65 cm de diámetro (delanteros) y discos macizos de 26,92 cm de diámetro (traseros).
Ruedas: De composite plástico reforzado con fibra de vidrio de 38,10 x 16,51 cm.
Neumáticos: 225/50 VR15.

DIMENSIONES
Longitud: 4,36 m.
Anchura: 1,71 m.
Altura: 1,32 m.
Batalla: 2,46 m.
Vía: 1,46 m. (delantero y trasero).
Peso: 1.266 kg.

TVR CHIMAERA

Aunque más moderado que el tremendo Griffith, el Chimaera no deja de ser un deportivo realmente veloz, construido según la misma fórmula que hizo tan grandes a los primeros Corvette: un chasis independiente, una carrocería de fibra de vidrio y un gran motor V8 que transmite su potencia a las ruedas traseras.

Hecho para conductores hábiles

«Los Chimaera están hechos para conductores hábiles. Tienen mucha potencia para ser coches de batalla tan corta (35,56 cm más corta que la de un Corvette), y están preparados para responder al instante a la dirección, que es increíblemente rápida. También responden muy bien a la aceleración. El V8 suena muy bien, y está acompañado por una potencia flexible que le confiere una gran capacidad de adelantar. Y lo que es más, viajar en él resulta mucho menos agitado de lo que uno se imagina, y el TVR transmite una increíble sensación de solidez.»

Los indicadores y el gran volante ya son indicios del poderoso rendimiento funcional del Chimaera.

Hitos

1993: TVR lanza el
Chimaera, destinado a llenar un hueco en la gama, que saltaba directamente del popular «S» convertible hasta el poderoso Griffith de 5 litros.

El Griffith fue el primero de la nueva ola de los TVR.

1995: El mejor de la gama
Chimaera es actualmente la versión de 5 litros del motor Rover, con diámetro y carrera modificados del Griffith 500, que produce 340 CV.

El Cerbera está actualmente en cabeza dentro de la gama de TVR.

1997: TVR rellena el
hueco existente entre los motores de 4 litros y 240 CV y el de 5 litros y 340 CV con la versión, de 4,5 litros. Este nuevo motor es una versión con carrera ampliada, del motor de 4 litros y produce 285 CV a 5.500 rpm y 48 kilográmetros de torque a 4.250 rpm. Tiene incorporadas las mismas mejoras que el coche con motor de 5 litros, lo que significa que lleva frenos de más tamaño y nuevas ruedas calzadas con los neumáticos Bridgestone S-02, incorporados ahora a todos los TVR.

BAJO LA PIEL

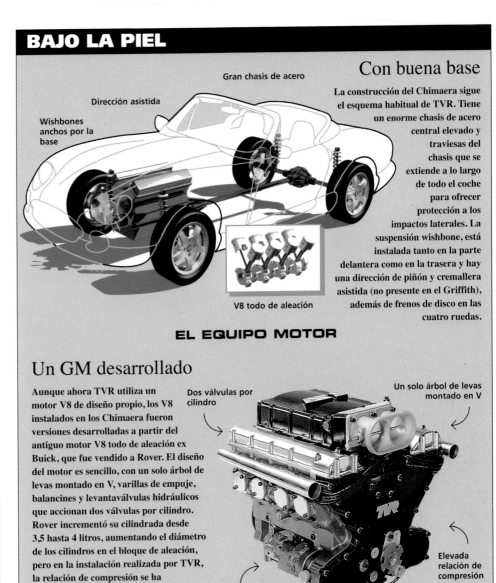

Gran chasis de acero

Dirección asistida

Wishbones anchos por la base

V8 todo de aleación

Con buena base

La construcción del Chimaera sigue el esquema habitual de TVR. Tiene un enorme chasis de acero central elevado y traviesas del chasis que se extiende a lo largo de todo el coche para ofrecer protección a los impactos laterales. La suspensión wishbone, está instalada tanto en la parte delantera como en la trasera y hay una dirección de piñón y cremallera asistida (no presente en el Griffith), además de frenos de disco en las cuatro ruedas.

EL EQUIPO MOTOR

Un GM desarrollado

Aunque ahora TVR utiliza un motor V8 de diseño propio, los V8 instalados en los Chimaera fueron versiones desarrolladas a partir del antiguo motor V8 todo de aleación ex Buick, que fue vendido a Rover. El diseño del motor es sencillo, con un solo árbol de levas montado en V, varillas de empuje, balancines y levantaválvulas hidráulicos que accionan dos válvulas por cilindro. Rover incrementó su cilindrada desde 3,5 hasta 4 litros, aumentando el diámetro de los cilindros en el bloque de aleación, pero en la instalación realizada por TVR, la relación de compresión se ha incrementado hasta 9,8/1 y la potencia hasta 240 CV.

Dos válvulas por cilindro

Un solo árbol de levas montado en V

Elevada relación de compresión

Levantaválvulas hidráulicos

El mejor de todos

El más perfecto de todos los Chimaera es el que lleva un motor de 5 litros, que es la versión más ampliada del antiguo motor Rover. En él, la potencia se extiende hasta 340 CV y el torque, hasta 60,8 kilográmetros. Como es natural, su rendimiento funcional se dispara también de forma astronómica, alcanzando una velocidad máxima de 266 km/h y pasando de 0 a 90 en sólo 4,1 segundos.

El Chimaera con motor de 5 litros es una bestia exclusiva y muy especial, que debe ser conducida con cuidado.

TVR CHIMAERA

Con una apariencia no menos impactante que su performance, el Chimaera es otra historia. El diseño TVR fue realizado en Blackpool con los tradicionales modelos de tamaño natural en arcilla y esculpidos hasta conseguir exactamente el efecto deseado.

MOTOR V8

En el Chimaera, ahora hay disponibles tres nuevas versiones del motor V8 todo de aleación y con varillas de empuje derivado del GM: el básico, de 4 litros con 240 CV, el de 4,5 litros y el poderoso motor de 5 litros con 340 CV.

Techo de fibra de carbono

En lugar del techo convencional plegable de una sola pieza, el techo del Chimaera está dividido en dos secciones: un panel central rígido de fibra de carbono que se extrae levantándolo y una sección trasera plegable.

Transmisión de cinco velocidades

En vez de la transmisión del sedán Rover SD-1, TVR eligió una unidad Borg-Warner de cinco velocidades. Su quinta marcha/supermarcha proporciona unos relajados 44,25 km/h por cada 1.000 revoluciones a máxima velocidad.

Chasis independiente

Todos los TVR llevan chasis independiente. Es una construcción enormemente resistente de acero tubular, tan rígida que prácticamente elimina por completo la inestabilidad.

Dirección de piñón y cremallera

La dirección de piñón y cremallera es prácticamente universal en los coches deportivos, pero lo que hace tan especial al TVR es la extremada rapidez de su cremallera, lo que permite que el coche pueda controlarse muy bien en los deslizamientos.

Distribución equilibrada de peso

Montando el motor muy atrás en el chasis se consiguió una distribución de peso de 50/50 en la parte trasera y delantera. Esta distribución equilibrada, unida a los cortos voladizos traseros y delanteros hace del Chimaera un coche sumamente maniobrable.

Características

1998: TVR Chimaera

MOTOR
Tipo: V8.
Construcción: Bloque y culata de aleación.
Distribución: Dos válvulas por cilindro operadas por un solo árbol de levas, con empujadores y balancines.
Diámetro y recorrido: 9,39 x 7,11 cm.
Cilindrada: 3.950 cc.
Índice de compresión: 9,8/1.
Sistema de inducción: Inyección electrónica de combustible.
Potencia máxima: 240 CV a 5.250 rpm.
Par máximo: 42,97 kilográmetros a 4.000 rpm.

TRANSMISIÓN
Manual, de cinco velocidades.

CARROCERÍA/TIPO DE CHASIS
Backbone independiente de acero tubular, con carrocería de convertible biplaza de fibra de vidrio.

CARACTERÍSTICAS ESPECIALES

La sección trasera del techo se repliega dentro del portaequipajes, donde puede guardarse la sección central.

Todos los TVR son diseñados por la propia compañía, en su sede de Blackpool.

BASTIDOR
Dirección: De piñón y cremallera.
Suspensión delantera: Doble wishbone. con resortes helicoidales, amortiguadores telescópicos y barra estabilizadora.
Suspensión trasera: Doble wishbone, con resortes helicoidales, amortiguadores telescópicos y barra estabilizadora.
Frenos: Discos ventilados de 25,90 cm de diámetro (delanteros) y 27,17 cm de diámetro (traseros).
Ruedas: De aleación-fundición, de 17,78 x 38,10 cm (delanteras) y 17,78 x 40,64 cm (traseras).
Neumáticos: Bridgestone S-02, 205/60 ZR15 (delanteros); 225/55 ZR16 (traseros).

DIMENSIONES
Longitud: 4,55 m.
Anchura: 1,93 m.
Altura: 1,27 m.
Batalla: 2,50 m.
Vía: 1,46 m (delantero y trasero).
Peso: 1.025 kg.

TVR TUSCAN RACER

«Asustan mucho», eso fue lo que dijo el presidente de TVR sobre los Tuscan Racers. Y, con una performance tan monstruosa, lo cierto es que no exageraba. La Tuscan Challenge se convirtió muy pronto en una de las series de carreras más veloces y atractivas.

Una aceleración inverosímil

«El Tuscan tiene fama de ser el más brutal de todos los coches de carreras británicos debido a su potencia, que es sencillamente asombrosa. Con una estructura tan ligera, la aceleración es simplemente inverosímil. En las curvas, hay que manejar el volante con cuidado porque, como dijo un piloto de carreras en cierta ocasión, "este coche te dice lo que estás haciendo meneándose en zigzag por los extremos varias veces seguidas". Sus frenos son magníficos, aunque más vale "acariciar" el pedal con suavidad que patearlo, para evitar que se bloqueen.»

El habitáculo del Tuscan se sigue pareciendo al de un turismo, aunque se le haya añadido una roll cage.

Hitos

1988: Cuando se prohibió

la participación del TVR 420 SEAC en las competiciones regulares, por ser mucho más veloz que cualquier otro posible rival en la pista, TVR decidió lanzar su propia serie de carreras. El TVR Tuscan Challenge fue anunciado en el Salón del Automóvil de Birmingham.

El primer TVR de Tuscan, derivado de los coches de carreras, llevaba un motor Ford V8.

1989: El Tuscan

Challenge participa en su primera carrera el 7 de mayo en Donington Park, cosechando un

gran éxito.

TVR desarrolló el Griffith como versión turismo del Tuscan, más potente.

1999: Diez años después

de que se iniciase la primera serie, el Tuscan Challenge conserva intacta su popularidad. Debe su éxito al hecho de ser asequible y, como los coches son idénticos, se pone más énfasis en la habilidad del conductor y en la resistencia que en la pura mecánica.

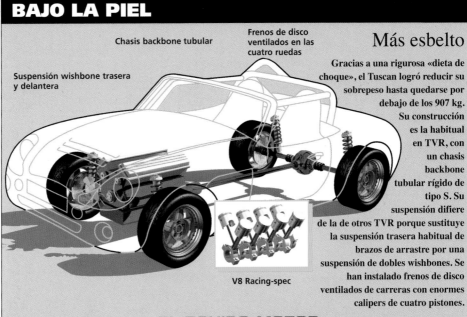

Chasis backbone tubular

Frenos de disco ventilados en las cuatro ruedas

Suspensión wishbone trasera y delantera

V8 Racing-spec

Más esbelto

Gracias a una rigurosa «dieta de choque», el Tuscan logró reducir su sobrepeso hasta quedarse por debajo de los 907 kg. Su construcción es la habitual en TVR, con un chasis backbone tubular rígido de tipo S. Su suspensión difiere de la de otros TVR porque sustituye la suspensión trasera habitual de brazos de arrastre por una suspensión de dobles wishbones. Se han instalado frenos de disco ventilados de carreras con enormes calipers de cuatro pistones.

EL EQUIPO MOTOR

Colosal Rover V8

Como todos los TVR de su época, el motor del Tuscan está derivado del clásico Rover V8 de 3,5 litros de aluminio. Es una versión desarrollada de un motor Buick de 1961. El bloque y el cigüeñal, de acero, proceden de un Rover. El resto de las piezas internas han sido fabricadas, en su mayoría, por TVR, con bielas Carillo y cuatro carburadores de tiro hacia abajo Dellorto. En la primera temporada, el motor de 4,4 litros estaba sintonizado en su límite máximo para que produjese 400 CV a 7.000 rpm y 52 kilográmetros de torque a 5.500 rpm. El resultado era sorprendente: de 0 a 97 km/h en sólo 3,6 segundos y una velocidad máxima de 266 km/h. Esta enorme potencia estaba dirigida a la excitación de las carreras.

Nacido para el espectáculo

La serie Tuscan Challenge sigue tirando fuerte y proporcionando algunos de los mejores coches de carreras a los pilotos y espectadores de todo el mundo. Cuatro propietarios han hecho incluso lo impensable: convertir uno de los coches de carreras más veloces del mundo en un auténtico proyectil urbano.

Con 400 CV y neumáticos relativamente enclenques, el Tuscan puede realmente hacer estragos.

TVR TUSCAN RACER

En los ochenta, los coches de carreras de TVR eran más rápidos que cualquier otro de su clase, por lo que fueron excluidos de las competiciones. La solución de TVR consistió en crear una serie de carreras completamente nueva con un coche nuevo y salvaje: el Tuscan.

Frenos de disco de carreras

Se han incorporado enormes frenos de disco ventilados de 29,97 cm de diámetro, en las cuatro ruedas. No se permite a los clientes alterar por sí mismos estos discos, lo que sí pueden manipular son las pastillas, el líquido de frenos y el diámetro interior de los cilindros.

Potencia V8

El V8 de 4,4 litros del TVR está basado en la sempiterna unidad Rover de aleación, pero TVR se caracteriza por su gran maestría a la hora de sintonizar este equipo motor. La potencia de salida superaba los 400 CV.

Neumáticos estrechos

Los Tuscan de carreras utilizan de forma deliberada neumáticos pequeños con el fin de hacer la carrera más excitante. Miden sólo 21,08 de anchura y están instalados sobre ruedas de aleación OZ de llanta partida y 22,86 x 40,64 cm.

Chasis ligero

El chasis backbone tubular es, en esencia, el mismo que utilizan los TVR turismo. Su ligereza contribuye a hacer el vehículo menos pesado. Las regulaciones imponen que los coches deben pesar, como mínimo, 800 kg.

Carrocería de fibra de vidrio

Los paneles de la carrocería están hechos con ligera fibra de vidrio y no son load bearing. En un principio, se intentó hacer el Tuscan también como coche de calle, pero el coste que supondría rediseñar la carrocería convenció a TVR de que sería preferible desarrollar un modelo turismo completamente nuevo, que se llamaría Griffith.

Características

1989: TVR Tuscan Racer

MOTOR
Tipo: V8.
Construcción: Bloque y culata de aluminio.
Distribución: Dos válvulas por cilindro operadas por un solo árbol de levas accionado por cadena con empujadores y balancines.
Diámetro y recorrido: 9,39 x 8 cm.
Cilindrada: 4.441 cc.
Índice de compresión: 12,85/1.
Sistema de inducción: Cuatro carburadores Dellorto 2V.
Potencia máxima: 400 CV a 7.000 rpm.
Par máximo: 52,09 kilográmetros a 5.500 rpm.

TRANSMISIÓN
Manual, de cinco velocidades.

CARROCERÍA/TIPO DE CHASIS
Chasis independiente tubular, con carrocería abierta de dos plazas de fibra de vidrio.

CARACTERÍSTICAS ESPECIALES

La roll-cage empotrada proporciona máxima rigidez y resistencia.

Los faros cowled delanteros son totalmente funcionales, tal como marca la ley.

BASTIDOR
Dirección: De piñón y cremallera.
Suspensión delantera: Doble wishbone con resortes helicoidales, amortiguadores telescópicos y barra estabilizadora.
Suspensión trasera: Doble wishbone con resortes helicoidales, amortiguadores telescópicos y barra estabilizadora.
Frenos: De disco (delanteros y traseros).
Ruedas: De aleación de 40 cm de diámetro.
Neumáticos: 210/60 x 16.

DIMENSIONES
Longitud: 3,94 m.
Anchura: 1,74 m.
Altura: 1,18 m.
Batalla: 2,33 m.
Vía: 1,48 m. (delantero y trasero).
Peso: 801 kg.

Ultima **SPYDER**

El kit Ultima no conoce más límites que los que imponga su propia ambición. El bravo y comprometido Chevy V8 hace este Mk IV de peso ligero, motor central e inspirado en los coches de carreras, siendo más veloz que los Corvette o Viper actuales.

Ultima Spyder

Tremendo agarre

«Deslízate en el habitáculo y siéntate en su dura butaca anatómica de carreras. Enciende el Chevy V8 y desliza suavemente su palanca de cambios rose-jointed. Su performance es, simplemente, asombrosa. Se dice que un Ultima alcanzó 161 km/h en sólo 6,8 segundos. Sencillamente, su carrocería no se balancea, su suspensión no produce desplazamientos y su dirección es increíblemente precisa. Al colocar el motor en el centro, se han eliminado el subviraje y el sobreviraje, y su tremendo agarre en simplemente imbatible.»

En el habitáculo del Ultima Spyder hay pocas comodidades, sólo los elementos más imprescindibles.

Hitos

1986: El Ultima está

inspirado en los coches de carreras del Grupo C2. Está construido sobre un chasis spaceframe con componentes Ford, más una suspensión trasera, un transaxle y un motor de Renault. Venció dos veces en el campeonato de kit car y es el resultado de un Mk III con chasis mejorado y una potencia de Rover o Chevrolet V8.

Ultima construyó su primer vehículo ya en 1986, con la intención de hacerlo participar en las carreras de kit car.

1992: Ultima Sports se

establece en Hinckley, Leicestershire. Toma el Mk III Ultima que ya existía y lo utiliza para desarrollar una versión que pueda utilizarse por la calle. El diseñador de Fórmula 1 Gordon Murray utilizó también este coche como base para desarrollar el motor V12 de BMW y la transmisión del poderoso supercoche McLaren F1.

El Mk III Sports fue utilizado por McLaren para desarrollar el F1.

1993: El Mk IV Sports

recibe una nueva carrocería para convertirse en Spyder, utilizando, no obstante, el mismo chasis. Podía comprarse como kit car o completamente acabado de fábrica.

Peso pluma

La base del Ultima, de motor central, es un chasis perimetral independiente de acero tubular con dos capas de tubos. La enorme barra estabilizadora contribuye a crear una «célula de supervivencia» central, que se combina con zonas deformables en la parte delantera y trasera. La suspensión de doble wishbone, propia del Ultima, se extiende por la parte delantera y trasera, y la dirección es de piñón y cremallera. Además, cuenta con enormes frenos de disco ventilados AP Racing en las cuatro ruedas.

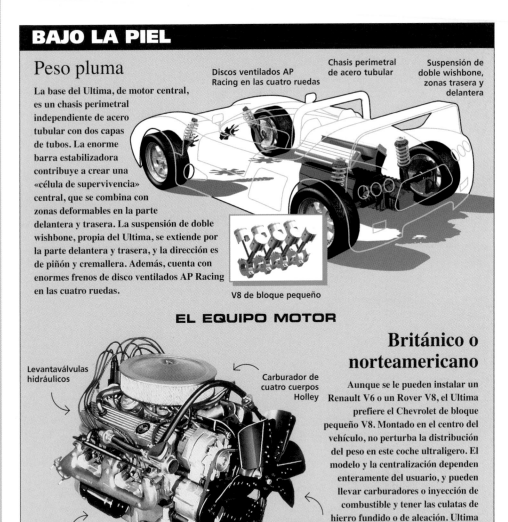

Discos ventilados AP Racing en las cuatro ruedas

Chasis perimetral de acero tubular

Suspensión de doble wishbone, zonas trasera y delantera

V8 de bloque pequeño

EL EQUIPO MOTOR

Levantaválvulas hidráulicos

Carburador de cuatro cuerpos Holley

Cigüeñal con cinco cojinetes

Bloque y culata de hierro fundido

Británico o norteamericano

Aunque se le pueden instalar un Renault V6 o un Rover V8, el Ultima prefiere el Chevrolet de bloque pequeño V8. Montado en el centro del vehículo, no perturba la distribución del peso en este coche ultraligero. El modelo y la centralización dependen enteramente del usuario, y pueden llevar carburadores o inyección de combustible y tener las culatas de hierro fundido o de aleación. Ultima recomienda la versión HO con 345 CV y un solo carburador Holley de cuatro cuerpos.

Abierto o cerrado

Los Ultima son coches realmente únicos. De hecho, es muy improbable que existan dos unidades iguales. La especificación final de cada vehículo depende exclusivamente del presupuesto y de las opciones elegidas por sus nuevos propietarios. Las dos grandes decisiones que el comprador debe tomar son el tipo de carrocería (abierta o cerrada) y el motor. El Ultima puede utilizar la potencia que uno elija, pero el motor más potente es el Chevy V8 de bloque pequeño.

El Ultima se presenta indistintamente como sports coupé o como Spyder.

Ultima SPYDER

El estilo y el perfil del Ultima han ido evolucionando a lo largo de los años, inspirados por los poderosos coches de carreras del Grupo C que corren en las 24 horas de Le Mans. Además, su aspecto exterior está respaldado por las prestaciones funcionales correspondientes.

La elección del motor

El Ultima puede utilizar distintos motores. Normalmente, se suele especificar el Rover V8 en las versiones de 3,5 de 3,9 o incluso de 4,0 litros, o bien un Renault V6 de hasta 3 litros, con 2,5 litros en la versión turbo. El motor Renault tiene la ventaja de que puede utilizarse con su propio transaxle de cinco velocidades. Sin embargo, para conseguir el máximo rendimiento, puede instalarse un Chevy V8 de 5.735,5 cc.

Chasis independiente

Los ejes principales de su chasis independiente de acero tubular están formados por tubos de acero de 3,81 cm. El chasis fue calculado para resultar lo bastante sólido como para soportar la fuerza de un motor de 1.000 CV sin sufrir ningún tipo de distorsión.

Radiador frontal

En el morro se ha montado un gran radiador de cuatro cuerpos, con sus tubos rodeando externamente los elementos principales del chasis. La refrigeración está asistida por ventiladores eléctricos controlados por termostatos y se abre paso en la carrocería por la parte del morro para canalizar el aire.

Transaxle Porsche

Para soportar toda la potencia y el torque del Chevrolet V8 era necesario un transaxle muy resistente. La mejor elección era una unidad Porsche 912. Fue necesaria una placa de adaptación especial para hacer encajar el motor Chevy en el transaxle de Porsche.

Escape sintonizado

El Chevrolet V8 necesita un sistema de escape hecho a medida para el Ultima. Consiste en colectores de escape tubulares de longitud desigual conectados a dobles silenciadores y tubos, colocados en ángulo para que encajen bajo la cubierta del motor.

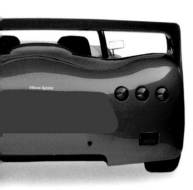

Alerón quick-release

Se pueden instalar diferentes alerones traseros dependiendo del uso que se quiera dar al coche. En el racing, un alerón muy ancho puede generar hasta 454 kg de fuerza descendente a alta velocidad. Ambos tipos de alerones se conectan a un pilón montado en el chasis con pins de tipo quick-release, lo que significa que pueden ser retirados en cuestión de segundos.

Características

1998: Ultima Spyder

MOTOR
Tipo: Chevrolet V8.
Construcción: Bloque y culata de hierro fundido.
Distribución: Dos válvulas por cilindro accionadas por un solo árbol de levas con empujadores y balancines.
Diámetro y recorrido: 10,16 x 9,65 cm.
Cilindrada: 5.733 cc.
Índice de compresión: 10,2/1.
Sistema de inducción: Un solo carburador Holley de cuatro cuerpos.
Potencia máxima: 345 CV a 5.600 rpm.
Par máximo: 68,63 kilográmetros a 3.600 rpm.

TRANSMISIÓN
Transaxle Porsche de cinco velocidades.

CARROCERÍA/TIPO DE CHASIS
Chasis independiente de acero tubular con carrocería de fibra de vidrio o de Kevlar/ fibra de carbono.

CARACTERÍSTICAS ESPECIALES

La tapa del depósito de combustible revela que el Ultima desciende de un coche de competición.

Tanto en la versión coupé como en la Spyder se ofrecen carrocerías de fibra de vidrio o de composite.

BASTIDOR
Dirección: De piñón y cremallera.
Suspensión delantera: Doble wishbone, con resortes helicoidales y amortiguadores telescópicos.
Suspensión trasera: Doble wishbone con varillaje inferior toe control, resortes helicoidales y amortiguadores telescópicos.
Frenos: Discos ventilados Racing AP de 30,48 cm de diámetro (delanteros y traseros).
Ruedas: De aleación, de 20,32 x 38,10 cm (delanteras) y 30,48 x 43,18 cm (traseras).
Neumáticos: 225/50 ZR15 (delanteros); 315 /35 ZR17 (traseros).

DIMENSIONES
Longitud: 3,88 m.
Anchura: 10,85 m.
Altura: 1,07 m.
Batalla: 2,79 m.
Vía: 1,52 m (delantero); 1,60 m (trasero).
Peso: 989 kg.

Vector **W8-M12**

La mejor forma de describir al exótico Vector es diciendo que se trata de la respuesta norteamericana al Lamborghini. Su potencia de salida es extraordinaria y ostenta un rendimiento funcional que le permite aspirar al título de «el coche más veloz del planeta».

Exotismo norteamericano

«Si alguna vez te has preguntado lo que sentirán los pilotos de los cazas, deslízate en el interior de un Vector y te harás una idea. Todo está diseñado para alcanzar velocidades ultrarrápidas. Sus mandos son como los de los cazas a reacción y, en general, la sensación que produce viajar dentro de estos coches resulta muy similar. En lo que respecta a la aceleración, es precisamente su "exotismo norteamericano" lo que le permite competir con los supercoches italianos. El Vector ofrece unas prestaciones funcionales realmente fuera de lo común y es un placer conducirlo (sobre todo, si vas a velocidades de tres dígitos).»

El Vector, desde luego, no es un coche para utilizarlo a diario. Su interior se parece más al de una lanzadera espacial que al de un automóvil.

Hitos

1977: El Vector W2, de
Gerald A. Wiegert, se presenta en Los Ángeles como «el coche más veloz del planeta».

1990: Tras varios años de
preparación, se lanza el W8 con un motor Donovan de bloque pequeño diseñado por Chevy.

Los Vector originales se construyeron al principio con un tren motor de la propia compañía.

1992: El modelo WX3
tiene una nueva carrocería aerodinámica, doble turbo y alcanza hasta 1.100 CV.

1993: Después de una
lucha por el poder, Megateche emerge finalmente como nuevo propietario y la compañía se traslada a Florida. Como esta empresa también es la propietaria de Lamborghini, los futuros planes incluyen la construcción de un coche que lleve el motor V12 del Diablo. Utilizando el motor italiano, de menor potencia, el Vector deja de ser un pura sangre y un extraordinario y potente supercoche norteamericano.

Por su aspecto, el Vector puede compararse con cualquier coche de Lamborghini o Ferrari.

1995: Con un motor V12
Diablo de 492 CV y un precio mucho más barato, se comercializa el nuevo modelo M12.

BAJO LA PIEL

Como un avión

Vector, con base en una zona de California bien conocida por su avanzada industria aeroespacial, supo sacar ventaja de su ubicación geográfica. Bajo su carrocería super-ligera de composite hay un chasis de aluminio inspirado en la construcción de las aeronaves, al mismo tiempo ligero y muy resistente. El running gear del Vector es ultramoderno, pero al mismo tiempo práctico. El morro tiene una suspensión independiente de doble wishbone, y la suspensión trasera consiste en un tubo De Dion bien localizado y unidades de resorte/amortiguador.

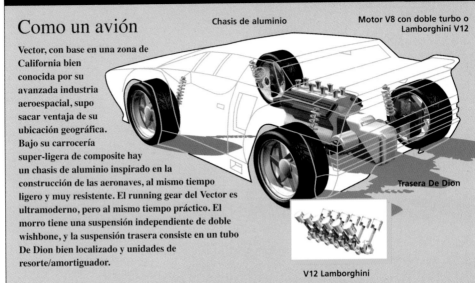

Chasis de aluminio

Motor V8 con doble turbo o Lamborghini V12

Trasera De Dion

V12 Lamborghini

EL EQUIPO MOTOR

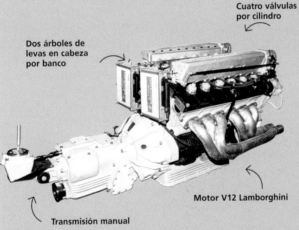

Cuatro válvulas por cilindro

Dos árboles de levas en cabeza por banco

Motor V12 Lamborghini

Transmisión manual

Menos es más

El Vector estuvo originariamente propulsado por un motor Donovan de aluminio basado en el V8 350 del Corvette. Tenía inyección electrónica de combustible y dos turboalimentadores, con una potencia que oscilaba entre los 500 CV y 1.100 CV. Después de haber utilizado este motor durante un breve período en los coches de serie, Vector Aeromotive fue absorbida por otra compañía y empezó a utilizar el motor Diablo V12 de 5,7 litros del Lamborghini. ¿Quién podría imaginar que esos cuatro cilindros adicionales procedentes del supercoche italiano podrían acabar reduciendo a la mitad la potencia de salida del Vector, hasta dejarla en sólo 492 CV?

El Vector M12

Cuando Megatech adquirió Vector Aeromotive, rediseñó la carrocería e instaló el motor de un supercoche italiano. Aunque los nuevos paneles de la carrocería se instalaron en la década de los noventa. Una mejor opción hubiera sido conservar el motor V8 diseñado por Chevy de 1.100 CV. El nuevo motor V12 no produce más que 492 CV.

El M12 utiliza el motor V12 del Lamborghini, que es más grande pero menos potente.

Vector **W8-M12**

Comercializado originariamente como un supercoche 100% norteamericano, con un motor diseñado por Chevy y una transmisión Toronado, el Vector W8 dejó en pañales tanto a los Lamborghini como a los Ferrari.

Avanzada carrocería

Años antes de que los demás fabricantes empezaran a utilizar sofisticados materiales compuestos en sus coches, la carrocería del Vector contenía ya materiales como el Kevlar, y las fibras de vidrio y la de carbono.

Un diseño inspirado en los aviones

Además de utilizar materiales y métodos de construcción aeroespaciales, el propio diseño del Vector también recuerda al de las aeronaves.

Chevy V8 turboalimentado

En un esfuerzo por hacer de este modelo un supercoche 100% norteamericano, se utilizó un motor derivado de la unidad Corvette V8. Para producir la potencia necesaria para convertirlo en el coche más veloz del planeta, Vector utilizó dos turboalimentadores interrefrigerados Garrett H3.

Chasis en panal de abeja

El avanzado chasis es una estructura semimonocasco. Como el esqueleto de un auténtico avión, este chasis está construido con tubos de acero unidos entre sí por aluminio en panal de abeja, y es extremadamente ligero e increíblemente resistente.

Exóticas puertas en «tijera»

Sus grandes puertas en «ala de gaviota» se abren en tijera, como en el Lamborghini Countach y el Diablo.

Transmisión Oldsmobile

Para transferir la inmensa potencia de su motor central, Vector eligió a una transmisión automática Toronado convenientemente modificada.

Potentes frenos

Con un performance tan brutal como la del Vector, se necesitan unos frenos que puedan soportar velocidades de hasta 351 km/h. El Vector lleva en las cuatro ruedas enormes frenos de disco ventilados de 33 cm de diámetro. Y, naturalmente, también incorpora un sofisticado sistema ABS.

Características

1992: Vector W8

MOTOR
Tipo: V8.
Construcción: Bloque y culata de hierro fundido.
Distribución: Dos válvulas por cilindro accionadas por un solo árbol de levas.
Diámetro y recorrido: 10,36 x 8,83 cm.
Cilindrada: 5.973 cc.
Índice de compresión: 8,0/1.
Sistema de inducción: Inyección electrónica de combustible tuned port.
Potencia máxima: 625 CV a 5.700 rpm.
Par máximo: 91,35 kilográmetros a 4.900 rpm.

TRANSMISIÓN
Automática de tres velocidades.

CARROCERÍA/TIPO DE CHASIS
Chasis monocasco en panal de abeja con carrocería de coupé de dos puertas de materiales compuestos.

CARACTERÍSTICAS ESPECIALES

Los dos turboalimentadores Garrettt pueden incrementar la potencia hasta 1.100 CV, una cifra que jamás podría alcanzar el motor Diablo.

El radiador está montado en horizontal en el morro del coche, dejando poco sitio para el equipaje en la zona superior frontal.

BASTIDOR
Dirección: De piñón y cremallera.
Suspensión delantera: Doble wishbone, con resortes helicoidales y amortiguadores.
Suspensión trasera: Eje De Dion, con brazos longitudinales y transversales y unidades de resorte helicoidal/amortiguador.
Frenos: De disco en las cuatro ruedas.
Ruedas: De aleación de 40,64 cm de diámetro.
Neumáticos: 255/45 ZR16 (delanteros); 315/40 ZR16 (traseros).

DIMENSIONES
Longitud: 4,37 m.
Anchura: 1,93 m.
Altura: 1,08 m.
Batalla: 2,61 m.
Vía: 1,60 m (delantero); 1,65 m (trasero).
Peso: 1.620 kg.

Venturi ATLANTIQUE

El Atlantique se ha ganado a pulso la reputación de ser un deportivo con motor central capaz de ofrecer las mismas prestaciones funcionales y cualidades dinámicas de los Ferrari, los Lotus o los Porsche.

El motor rápidamente se despierta

«Aunque la posición del conductor es un tanto incómoda, no hay objeción que poner con respecto a la performance. Después de un breve retraso, el motor rápidamente se despierta y muestra su potencia. La arcaica transmisión de Renault es cualquier cosa menos suave, pero eso se perdona fácilmente ante la delicia de tomar curvas difíciles a gran velocidad. La dirección es buena y la suspensión permite una maniobrabilidad que puede equipararse con la mejor.»

En su habitáculo se ven indicadores de claros colores y un tablero de mandos y consola chapados en madera de exquisito buen gusto.

Hitos

1984: La nueva compañía MVS presenta el Ventury.

1986: El más moderno de los deportivos franceses entra en producción con el nuevo nombre de Venturi.

1992: Se forma el equipo de Fórmula 1 Venturi-Larrousse y llega el racer 400 GT.

El Alpine A610 también utilizaba el motor Renault V6.

1993: Venturi compite en Le Mans. Cinco de las siete entradas completan la carrera de las 24 horas.

1996: Un consorcio tailandés absorbe la compañía y presenta el nuevo Atlantique.

El 400 GT producía 408 CV y tenía frenos de disco de fibra de carbono.

1998: Con sus dos turboalimentadores, el Atlantique 300 puede desarrollar ahora 25 CV adicionales.

BAJO LA PIEL

Construcción de estilo Lotus

La disposición de motor central del Venturi es de sencillo diseño al igual que su suspensión. La idea del chasis backbone de acero y la carrocería de vidrio fue perfeccionada por Lotus, y el Venturi hace un buen uso de este sistema. La suspensión consiste en dobles wishbones superiores en la parte delantera y dos control arms inferiores en la trasera, además de resortes helicoidales y amortiguadores a lo largo de todo el chasis. Los frenos son de disco ventilados.

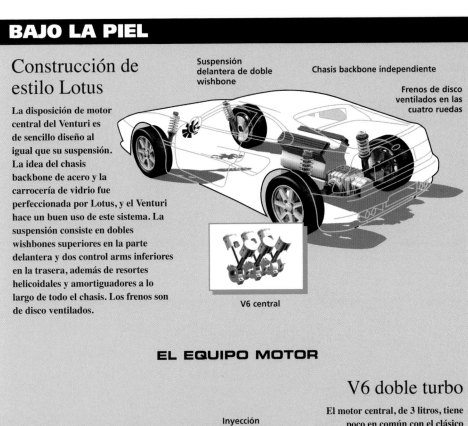

Suspensión delantera de doble wishbone

Chasis backbone independiente

Frenos de disco ventilados en las cuatro ruedas

V6 central

EL EQUIPO MOTOR

Dos turboalimentadores

Inyección secuencial de combustible

Dobles árboles de levas en cabeza accionados por correa

Construcción de aluminio

V6 doble turbo

El motor central, de 3 litros, tiene poco en común con el clásico Renault/Peugeot V6 que propulsó a los anteriores Venturi. Hecho de aluminio, tiene 24 válvulas, dos árboles de levas en cabeza por cada banco de cilindros y un sistema de inyección de combustible secuencial. El secreto de su impresionante potencia de salida de 302 CV (al cual debe el Atlantique 300 su nombre) son sus dos turboalimentadores Aerocharger interrefrigerados, que utilizan una geometría interna variable para mantenerse cerca de la potencia máxima a lo largo de una vasta gama de rpm.

Los grandes Venturi

Sin ninguna duda, el más satisfactorio de todos los Venturi creados hasta la fecha ha sido el Atlantique 300. Si lo que quieres es una auténtica exquisitez de Venturi, elije uno de los raros convertibles, pero si lo que deseas son muchos caballos de fuerza, entonces tu modelo es el 400 GT. Tiene 408 CV y frenos de disco de fibra de carbono.

El Atlantique tiene una gran potencia efectiva y una dinámica muy bien desarrollada.

Venturi **ATLANTIQUE**

El nombre del Atlantique evoca la imagen de los Bugattis. Este coche de peso ligero posee numerosas cualidades, entre las que se incluyen 312 CV, una conducción equilibrada y un interior de lujo. Pero lo mejor de todo, tal vez, sea su exclusividad: sólo se construyen 250 unidades cada año.

V6 doble turbo

El motor central, montado transversalmente, es un V6 de 3 litros desarrollado expresamente para el modelo. Hecho con una aleación de aluminio, consigue alcanzar una potencia de salida de 302 CV con la ayuda de dos turboalimentadores Aerocharger Aeroline Dallas.

Transmisión Renault

La transmisión manual de cinco velocidades está basada en el famoso transaxle de Renault. Esta unidad ha sido incorporada a innumerables deportivos con motor central, sobre todo por sus compactas dimensiones y su capacidad de soportar potencias de salida muy elevadas.

Frenos de disco ventilados

Sus frenos de disco, de gran diámetro, son ventilados tanto en las ruedas delanteras como en las traseras. El sistema antibloqueo es estándar, y el frenado es de doble circuito y servoasistido.

Carrocería de composite plástico

El Venturi tiene una carrocería muy ligera de materiales compuestos. Gracias a ella, la respuesta del vehículo es muy rápida, la manufactura tiene un coste más bajo y se utilizan materiales más asequibles. Gran parte de la carrocería está reforzada y el Venturi consta como uno de los coches con carrocería plástica más rígida de la historia.

Una compleja suspensión

La suspensión del Venturi fue originariamente diseñada por el piloto de carreras Jean Rondeau pero, tras la muerte de éste, fue desarrollada nuevamente por Mauro Bianchi y Jean-Pierre Beltoise. Hay dobles wishbones en la parte superior delantera y un sofisticado multilink en la trasera, que consiste en una barra superior y dobles brazos inferiores paralelos posicionados por medio de una tie-bar ajustable.

Líneas aerodinámicas

La línea sencilla y discreta del Venturi fue creada por Gerard Godfroy, uno de los fundadores de la empresa y también un ex empleado de Peugeot. Las pruebas exhaustivas realizadas en el túnel de viento dieron como resultado un coche muy aerodinámico, con un coeficiente de resistencia al avance de sólo 0,31.

Características

1999: Venturi Atlantique 300

MOTOR
Tipo: V6.
Construcción: Bloque y culata de aluminio.
Distribución: Cuatro válvulas por cilindro operadas por dobles árboles de levas en cabeza accionados por correa.
Diámetro y recorrido: 8,25 x 8,71 cm.
Cilindrada: 2.946 cc.
Índice de compresión: 10,5/1.
Sistema de inducción: Inyección de combustible secuencial.
Potencia máxima: 302 CV a 5.500 rpm.
Par máximo: 86,52 kilográmetros a 2.500 rpm.

TRANSMISIÓN
Manual de cinco velocidades.

CARROCERÍA/TIPO DE CHASIS
Chasis backbone independiente con carrocería de coupé de dos puertas de composite.

CARACTERÍSTICAS ESPECIALES

El Atlantique tiene cuatro tubos de escape en la parte trasera; uno a cada lado.

Los orificios de refrigeración del motor están incorporados de forma muy discreta y elegante en el diseño general de la carrocería.

BASTIDOR
Dirección: De piñón y cremallera.
Suspensión delantera: Dobles wishbone con resortes helicoidales, amortiguadores telescópicos y barra estabilizadora.
Suspensión trasera: Multilink con resortes helicoidales y amortiguadores telescópicos.
Frenos: Discos ventilados (delanteros y traseros).
Ruedas: De aleación de 43,18 cm de diámetro.
Neumáticos: 205/50 (delanteros) y 255/40 (traseros).

DIMENSIONES
Longitud: 4,24 m.
Anchura: 1,84 m.
Altura: 1,18 m.
Batalla: 2,50 m.
Vía: 1,50 m (delantero); 1,59 m (trasero).
Peso: 1.247 kg.

Índice